# Мы говорим по-русски

Russisches Lehrbuch
für die Klassen
9 und 10



Volk und Wissen Verlag GmbH
Berlin

Russisches Lehrbuch für die Klassen 9 und 10
Autoren: Ilse Fröhlich (Leiter)
Petra Runge, Ursula Gardeia, die Fachredaktion des Verlages und Sergej Iwanow
Autoren und Verlag danken Frau Ingrid Hartmann, Herrn Prof. Dr. sc. Fred Manthey und Frau Dr. Ellen Mund, die die Gestaltung des Manuskripts durch Ratschläge und Hinweise unterstützt haben.

Redaktion: Sibylle Forst, Heidemarie Himsel

Zum Lehrwerk
für die Klassen 9 und 10 gehören außerdem:

| | |
|---|---|
| • Arbeitsheft: | ISBN 3-06-500925-0 |
| • Tonbandkassetten: | ISBN 3-06-505501-5 |
| | ISBN 3-06-505502-3 |
| • Unterrichtshilfen: | ISBN 3-06-502166-8 |



ISBN 3-06-500907-2

2. Auflage
6 5 4 3 2/96 95 94 93 92
Alle Drucke dieser Auflage sind im Unterricht parallel nutzbar.
Die letzte Zahl bedeutet das Jahr dieses Druckes.

Printed in Germany
Satz und Repro: Dresdner Druck- und Verlagshaus GmbH
Druck und Binden: Graphischer Großbetrieb Pößneck GmbH
Ein Mohndruck-Betrieb
Illustrationen: Heinz Ebel
Einband und typographische Gestaltung: Rainer Fischer
Redaktionsschluß: 10. Februar 1992

# Inhalt

**Nutzungshinweise**

| | |
|---|---|
| ↗ | – Sehen Sie nach ... |
| KRS | – Kurze russische Sprachlehre |
| Ratschläge ... | – Lernverfahren auf der 2. Umschlagseite |
| Sprachmittel ... | – Sprachmittel zur Realisierung wichtiger Äußerungsabsichten (↗ S. 227–231) |
|  | – Vorbereitende Übungen und Texte zum stillen Lesen (mit dem Wörterbuch) |
|   | – Zielleistungen im dialogischen und monologischen Sprechen sowie im Schreiben |
|  | – Wiedergabe auf der Kassette |

1

# В мире фантазии

## Прошло лето

Есть в о́сени первонача́льной
Коро́ткая, но ди́вная пора́ –
Весь день стои́т как бы хруста́льный,
И лучеза́рны вечера́ …

Где бо́дрый серп гуля́л и па́дал ко́лос,
Тепе́рь уж пу́сто всё – просто́р везде́, –
Лишь паути́ны то́нкий во́лос
Блести́т на пра́здной борозде́.

Пусте́ет во́здух, птиц не слы́шно бо́ле,
Но далеко́ ещё до пе́рвых зи́мних бурь –
И льётся чи́стая и тёплая лазу́рь
На отдыха́ющее по́ле …

Ф. И. Тю́тчев (1803–1873)

# 1

## Встречи после каникул

**1** Если вы хотите узнать, как наши друзья провели каникулы, то прочитайте тексты со словарём на открытках.

Бухара, 4.7.

Привет, Зоя!

Вчера мы были в пустыне за городом. Песок, везде песок. Температура днём почти 50 градусов, а ночью 15 - 20 градусов. Нет воды. Видели только верблюдов и диких ослов.

3.8.

Дорогая мама!

Какая здесь природа! Горы, большие леса и прекрасное озеро. Байкал! Плаваю в нём каждый день, хотя прохла́дно. Но не бойся, я не простужусь.

**2** *So kann man sich begrüßen und nach dem persönlichen Befinden erkundigen.*

Здравствуй(-те)!
Доброе утро! Добрый день! Добрый вечер!
**Приве́т!**
(Очень) **рад**(-а; -ы) вас (тебя) видеть.

| | |
|---|---|
| **Как вы живёте?** | Хорошо. **Прекра́сно.** (Не-)плохо. |
| **Как живёшь?** | **Норма́льно. Ничего́. Нева́жно.** |
| **Как дела́?** | |
| Что нового? | **Всё по-ста́рому.** |

**3** Lesen Sie die Dialoge mit verteilten Rollen. Stellen Sie fest, welche Personen miteinander sprechen.

а) – Здравствуйте, Андрей Сергеевич! **Давно́** вас не видел. Как вы живёте?
– Здравствуйте, Владимир Петрович! Спасибо, хорошо. А как ваше здоровье?
– Спасибо, ничего.

б) – Здравствуй, Рита!
– Привет, Маечка! Что нового? Как живёшь?
– Всё по-старому. Неплохо. А как твои дела?
– Нормально.

в) – Привет, Андрей! Долго тебя не видел. Как дела?
– Прекрасно. Я три недели отдыхал на море.

**4** Составьте диалоги.

а) Begrüßen Sie Ihren Bekannten … Fragen Sie ihn, wie es ihm geht, was es Neues gibt.

б) Begrüßen Sie Gäste aus dem Ausland. Drücken Sie Ihre Freude über ihren Besuch aus. Erkundigen Sie sich nach ihrem Befinden.

в) Begrüßen Sie Ihre Freundin, die von ihrer Ferienreise zurückgekehrt ist. Fragen Sie sie, wie es ihr geht, wo und wie sie ihre Ferien verbracht hat.

г) Begrüßen Sie einen Freund, den Sie lange nicht gesehen haben. Fragen Sie ihn, wie es ihm und seiner Familie geht.

**5** Спросите вашего собеседника, как он проводит свободное время, и ответьте на его вопросы.

Используйте:
гулять *по чему*?, заниматься *чем*?, играть *во что*?, кататься *на чём*?, мастерить *что*?, писать *что*?, плавать *где*?, помогать *кому*?, делать *что*?, слушать *что*?, смотреть *что*?, фотографировать *кого*?, *что*?, собирать *что*?, ходить *куда*?, читать *что*?

**6** Schreiben Sie die Verben aus Übung 5 geordnet nach e- und и-Konjugation auf. Bilden Sie die erste und zweite Person Singular sowie die dritte Person Plural.

**7** Ответьте на вопросы.

Где вы отдыхали во время каникул?
Сколько времени вы там были?
С кем вы проводили каникулы?
Вы хотели бы ещё раз поехать туда?
Чем вы занимались в хорошую погоду, а чем – в плохую?

финиш **8** Составьте диалоги. Поговорите о своих каникулах.

## Для друзей кино

**9** Вы не знаете, под каким названием шли эти фильмы у нас?

«Комисса́р», «Летя́т журавли́», «За́втра была́ война́», «А зо́ри здесь ти́хие», «Холо́дное ле́то пятьдеся́т тре́тьего», «Вокза́л для двои́х», «Чёрная ко́шка», «Гара́ж», «Дорога́я Еле́на Серге́евна», «Меня зовут Арлеки́но», «Гори́, гори́, моя звезда́», «Чу́чело».
Какие из этих фильмов вы смотрели?
Вы смотрели эти фильмы в кинотеатре или по телевизору?

**10** Переведите тексты афи́ш со словарём.

Поджига́тели
«Мосфи́льм». А́втор сцена́рия А. Крини́цина, режиссёр А. Су́рин.
В центре драмати́ческой исто́рии судьба́ ю́ной воспита́тельницы ПТУ Саши Швец. В **гла́вной ро́ли:** К. Федо́това.

Ку́колка

«Мосфи́льм». А́втор сцена́рия И. Аге́ев, режиссёр И. Фри́дберг. Юная тала́нтливая гимна́стка Таня Серебряко́ва из-за тра́вмы вы́нуждена уйти из большого спорта. Психологи́ческая дра́ма. В роля́х: С. Засье́пкина, И. Метли́цкая, В. Меньшо́в, К. Каза́рова и другие.

**11** Сравните. Составьте предложения.

*(кто?)* интересоваться *чем*?
Я интересуюсь детекти́вом.

*(кого?)* **интересова́ть** *что*?
Меня интересует детектив.

**12** Скажите, какие фильмы вас интересуют.
Ответьте по образцам.

Ⓜ А – Меня интересуют кинокоме́дии.

Б – А меня интересуют **не то́лько** кинокомедии, **но и** детективы.

В – Меня интересуют **и** кинокомедии, **и** детективы.

Suchen Sie sich die russischen Bezeichnungen für die Filme heraus, die Sie besonders interessieren.

| | |
|---|---|
| Schwarzweißfilm | чёрно-бе́лый фильм |
| Farbfilm | цветно́й фильм |
| Spielfilm | худо́жественный фильм, игрово́й фильм |
| Filmkomödie | кинокоме́дия |
| Kriminalfilm | детекти́в |
| populärwissenschaftlicher Film | нау́чно-популя́рный фильм |
| Dokumentarfilm | документа́льный фильм |
| Abenteuerfilm | приключе́нческий фильм |
| Science-fiction | нау́чно-фантасти́ческий фильм |
| Western | ве́стерн |
| Thriller | три́ллер, фильм у́жасов |
| Trickfilm | мультипликацио́нный фильм (мультфи́льм), анимацио́нный фильм |

**13** Скажите,
– какой интересный фильм вы смотрели недавно?
– кто играл главную роль?
– ходите ли вы обычно в кино или смотрите фильмы по телевизору?
– любите ли вы смотреть фильмы ужасов?

**14** Прочитайте про себя, а потом по ролям.

А – Привет, Вера!
Б – Привет, Тина! Как живёшь?
А – Хорошо, была на море. А ты, где ты провела каникулы?
Б – Я в этом году была у бабушки в деревне.
А – В деревне? Тебе не **ску́чно** было?
Б – Нет, в хорошую погоду мы ходили в походы, купались в озере. А в плохую погоду я читала, смотрела телевизор, иногда ходила в кино. Знаешь, я посмотрела интересный фильм.
А – Какой фильм?
Б – Художественный. По роману Умбе́рто Э́ко «Имя розы». Главную роль **исполня́ет** Шон Ко́нери.
А – Шон Конери? Я его видела только в роли Дже́ймса Бо́нда.
Б – Я думаю, что он тебе **понра́вится** и в этой роли. По-моему, Шон Конери – очень хороший **арти́ст**. Я хотела бы посмотреть этот фильм второй раз. Хочешь пойти со мной?
А – Да, конечно, хочу. А в каком кинотеатре он идёт?
Б – В «Космосе». В 15 часов 30 минут начинается первый **сеа́нс**. Встретимся перед кинотеатром в 15 часов. Согласна?

**15** Lesen Sie die Ratschläge zum Führen von Gesprächen (↗ Umschlagseite) und suchen Sie aus der Übung 14 Beispiele für Besonderheiten der dialogischen Rede heraus.

**16** Vervollständigen Sie die Gespräche. Beachten Sie die Punkte 3 und 4 der Ratschläge (↗ Umschlagseite).

а) А – Я люблю смотреть научно-фантастические фильмы.
Б – Научно-фантастические фильмы меня не интересуют.
А – А я интересуюсь не только научно-фантастическими фильмами, но и художественными и детективами.
…?
Б – А меня интересуют и …, и … .

б) А – Недавно я смотрел очень интересный фильм. Называется он «А́сса».
Б – …?
А – Детектив, советский детектив. Артисты в нём очень хорошо играли. Ты не хотел бы посмотреть этот фильм? …, он тебе тоже понравится.

в) Г – Добрый день, Вика! Как живёшь? Давно тебя не видел.
В – …
Г – На каком, на Балтийском?
В – Да, на Балтийском. Погода была хорошая. Мы много плавали, загорали, играли в бадминтон. …?
Г – В горах, в Карпа́тах.
В – …?
Г – У нас была плохая погода. Часто шёл дождь.
В – …?
Г – Я много читал и смотрел телевизор.
В – Ты смотрел интересные фильмы?
Г – …
В – …!

финиш

**17** Составьте диалоги. Поговорите
– о каникулах,
– о том, чем вы занимались,
– о фильмах, которые вы смотрели.

**18** Übertragen Sie sinngemäß ins Russische.

In diesem Jahr verlebte ich meine Ferien in Dagomys am Schwarzen Meer. Über Langeweile brauchten wir nicht zu klagen. Wir hatten herrliches Wetter. So lagen wir meist tagsüber in der Sonne, schwammen im Meer und spielten Volleyball. Die Abende verbrachten wir im Kino oder in der Diskothek. Besonders beeindruckt hat mich der Film … . Ich habe ihn mir zweimal angeschaut. Die Hauptrolle war mit … besetzt. Er (Sie) hat phantastisch gespielt.

## Искусство помогает понять мир

**19** Erinnern Sie sich an die Ratschläge zum Erschließen der Bedeutung unbekannter Wörter.

Lesen Sie folgende Wörter (laut) und versuchen Sie, die deutsche Bedeutung vom Klangbild her zu erschließen:
фанта́зия, фантасти́ческий, плане́та, меланхоли́ческий, сту́дия, жанр, фонд, се́рия, гном, антило́па;
Ми́кки Маус, До́нальд, Гу́фи, Уолт Ди́сней

Versuchen Sie, durch den Vergleich mit bereits bekannten Wörtern die Bedeutung folgender Wörter zu erschließen:

| | | |
|---|---|---|
| мышо́нок | – | мышь; мыши |
| утёнок | – | утка |
| рисо́ванный | – | рисовать; рисунок |
| сне́жный | – | снег |
| Белосне́жка | – | белый, снег (имя девочки в ска́зке) |

**20** ВЫ ЛЮБИТЕ МИР ФАНТАЗИИ?

Тогда прочитайте текст.

Мультипликационное кино – этот фантастический мир любят и дети, и взро́слые. В мультфильмах мы можем лета́ть между звёздами и плане́тами, жить среди́ живо́тных, звере́й и ска́зочных суще́ств (Fabelwesen), которые умеют думать и говорить – как мы. Они весёлые и гру́стные, ве́жливые и гру́бые, старательные и ленивые, как мы.

Кто не знает меланхоли́ческого крокоди́ла Ге́ну с неразу́мным другом Чебура́шкой или Ка́рлсона, который живёт на кры́ше, или весёлые фильмы с мышо́нком Ми́кки Ма́усом, утёнком До́нальдом и псом (Hund) Гу́фи?

Студию «Союзмультфильм» создали в 1936 году. Особое место здесь сразу занял жанр ска́зки (Märchen) – народной, классической, современной.

В 1947 году Ивано́в-Вано́ **снял** первый советский полнометра́жный (abendfüllend) рисованный фильм «Конёк-Горбуно́к» („Das bucklige Pferdchen").

Лучшие фильмы-сказки – как например «Сне́жная Короле́ва» и «Золотая антило́па» – принесли советскому мультипликационному фильму изве́стность (brachten … Ruhm ein) на международном экране, вошли (↗ войти) в золотой фонд искусства.

Всем известны (bekannt), наверное, фильмы о Чебура́шке и крокодиле Ге́не Р. А. Кача́нова, серия «Ну, погоди́!» В. М. Котёночкина.

В России и во всём мире любят и знают фильмы ма́стера мультипликационного кино американского режиссёра Уо́лта Ди́снея. Его фильмы «Белосне́жка и семь гно́мов», «Пино́ккио», «Спя́щая (↗ спать) краса́вица», «Бе́мби» и другие с успе́хом обошли (↗ обойти) экраны мира.

**21** Beantworten Sie folgende Fragen:

Welche Möglichkeiten bietet der Trickfilm?
Was macht die Trickfilmfiguren so sympathisch?
Welchen der genannten sowjetischen Trickfilme kennen Sie?
Nennen Sie die deutschen Titel der Walt-Disney-Filme!

**22** Lesen Sie folgende Wörter (laut) und nennen Sie deren deutsche Bedeutung.
Евро́па, группа, капита́н, ма́стер, монстр, режиссёр, рома́н, сюже́т; (англо-)американский, га́нгстерский фильм

Lesen Sie die Namen laut.
Э. С. По́ртер, Э. По, А. Ко́нан Дойль, У. Ко́ллинз, Г. Че́стертон, Ж. Симено́н, А. Кри́сти, А́льфред Хи́чкок, И́нгрид Бе́ргман, Грейс Ке́лли, Кэ́ри Грант, Джеймс Стю́арт, Гре́гори Пек, Ге́нри Фо́нда; Франкенштейн, Дракула, Кинг-Конг

Versuchen Sie, durch den Vergleich mit bereits bekannten Wörtern die Bedeutung folgender Wörter zu erschließen:
мирово́й – карта мира, мировой конфликт, мировой рекорд
aber: мир, мирный характер
зароди́ться – родиться
за́падный – запад, запад Европы, Западная Европа
таи́нственный – тайна; таинственная девушка

**23** ЧТО ТАКОЕ ПРИКЛЮЧЕНЧЕСКИЙ ФИЛЬМ?

Приключе́нческие фильмы – это фильмы, для которых характе́рен о́стрый динами́чный сюже́т. Это значит, что жизнь героев состои́т из це́пи неожи́данных[1], часто опа́сных приключе́ний.
Первый приключенческий фильм в истории мирово́го кино – американский фильм «Большое ограбле́ние по́езда». Он **был снят** в 1903

[1] aus einer Kette unerwarteter

году режиссёром Э. С. По́ртером. Этот фильм положи́л начало американскому ве́стерну.

Гангстерские фильмы и триллеры (фильмы у́жасов) зародились в кино США и Западной Европы в 20–30-е годы.

С появле́нием звуково́го кино[1] были сняты и детективные сюжеты, как например фильмы по рассказам или романам Э. По, А. Ко́нана До́йля, У. Ко́ллинза, Г. Че́стертона, Ж. Симено́на, А. Кри́сти.

Мастером триллера считают[2] англо-американского режиссёра А́льфреда Хи́чкока. На его экране живут не монстры – Франкенште́йн, Дра́кула, Кинг-Конг, а обы́чные люди. Часто героев играют красивые суперзвёзды: Ингрид Бергман, Грейс Келли, Кэри Грант, Джеймс Стюарт, Грегори Пек, Генри Фонда. Знаменитые хичкоковские картины: «Человек, который сли́шком много знал», «39 шаго́в», «Психо́з», «Ребе́кка», «Подозре́ние», «Головокруже́ние», «Пти́цы», «Разо́рванный за́навес», «К се́веру через се́веро-за́пад», «Окно во двор».

Один из первых советских приключенческих фильмов «Красные дьяволя́та»[3] был снят в 1923 году по повести П. А. Бля́хина. По романам Жю́ля Ве́рна были сняты фильмы: «Дети капитана Гра́нта», «Таинственный о́стров».

**24** Beantworten Sie die Frage:
Welche Arten von Abenteuerfilmen werden im Text genannt?
Versuchen Sie, die Filmtitel deutsch wiederzugeben.

**25** Выучите новые слова.

| | |
|---|---|
| Как дела́?<br>Как живёшь? | Wie geht's? |
| Как вы живёте? | Wie geht es Ihnen? |
| Нева́жно. | Nicht besonders. |
| Ничего́. | *hier:* Ganz (recht) gut. |
| Норма́льно. | Normal. Wie immer. |
| Прекра́сно. | Ausgezeichnet. |
| Всё по-ста́рому. | Wie gehabt. Alles beim alten. |

[1] mit dem Entstehen des Tonfilms [2] hier: betrachtet man [3] Teufel

# 1

| | | |
|---|---|---|
| Приве́т! | *(Begrüßung unter Freunden)* Grüß' dich! Hallo! | |
| рад (-а; -ы) | erfreut sein, froh | |
| давно́ | lange | Давно тебя не видел. |
| арти́ст(-ка) | Schauspieler(-in) | |
| роль, -и *f.* | Rolle | играть интересную роль |
| сеа́нс | Vorstellung *(im Kino)* | |
| гла́вный | hauptsächlich, Haupt- *(in Zus.)* | главная роль |
| интересова́ть *кого*? | interessieren | Меня интересует история. Подругу интересует музыка. |
| испо́лнить/исполня́ть | ausführen, darstellen, vortragen, spielen | Главную роль исполняет… |
| понра́виться *v.* | gefallen | Это тебе понравится. |
| ску́чно | langweilig | Мне скучно. |
| ску́чный | | |
| не то́лько …, но и … | nicht nur …, sondern auch … | |
| и …, и … | sowohl … als (auch) … | Меня интересуют и художественные, и документальные фильмы. |
| иску́сство* | Kunst | |
| снять* *v.* | *hier:* drehen, aufnehmen | снять фильм |
| был снят* | *hier:* wurde gedreht (aufgenommen) | фильм был снят |
| поня́ть *v. zu* понимать (↗ KRS 222) | verstehen | Я вас не по́нял(-а́). |
| ме́дленный *Komp.* ме́дленнее | langsam | Говорите медленнее. |

# Мимоходом

Кинозвездочёт

«Номерло́гия» – дре́вняя нау́ка, как и астроло́гия. Ка́ждому челове́ку соотве́тствует[1] своя ци́фра, ка́ждой ци́фре – свой хара́ктер, своя судьба́[2].

Чтобы узнать свою цифру – скажем, вы родились 24. 12. 1978 года, – считайте так: 2 + 4 + 1 + 2 + 1 + 9 + 7 + 8 = 34; 3 + 4 = 7.

7

Это лю́ди то́нкие (как сама́ ци́фра), любят филосо́фствовать, они немно́жко неуве́рены («семь раз отме́рь …»).

Такие роли в кино лу́чше всего исполняли Марче́лло Мастроя́ни, Фили́пп Нуаре́ и Шарль Азнаву́р.

Совет мужчи́нам: е́сли вы хотите вступи́ть в брак[3] (по-италья́нски), мы сове́туем вам иска́ть спу́тницу среди́ «едини́чек» (скажем, Софи́ю Лоре́н), но ни в ко́ем слу́чае[4] не среди «четвёрок» (как Стефа́ния Сандре́лли), потому что это может кончиться разво́дом (по-итальянски).

*

Папа спрашивает своего сына:
– Что сегодня было на уроках?
– На химии изуча́ли взры́вчатые вещества́[5].
– А что завтра будете делать в школе?
– В какой школе, папа?

*

Тоже ра́дость

Маленький А́лик с това́рищем по классу пришёл домой и сказал папе и маме: «Это Павлик. Он учится ещё ху́же, чем[6] я».

*

Из разговора в кастрюле:
«Нам, пельменям, лучше[7] держа́ться вместе».

[1] entspricht [2] Schicksal [3] heiraten [4] auf gar keinen Fall [5] Sprengstoff
[6] schlechter als [7] besser

# 1

Вы знаете эти фильмы?
«Великоле́пная семёрка»
«Звёздные во́йны»
«Возвраще́ние Дже́дая»
«Человек дождя́»
«Тарза́н»
«Это безу́мный, безу́мный, безу́мный, безу́мный мир»
«Бо́нни и Клайд»
«Бэ́тмен»

*

Вы знаете этих артистов?
Пьер Риша́р, Сильве́стр Сталло́не, Клинт И́ствуд, Мэ́рилин Мо́нро, Уо́ррен Би́тти, Стив Мак-Куи́н, Ване́сса Ре́дгрейв, Джон Траво́льта, Джон Уэйн, А́рнольд Шва́рценеггер, Ву́ди А́ллен, Ри́чард Че́мберлен.

# Давайте познакомимся!

## Я и мои друзья

**1** *So kann man sich miteinander bekannt machen.*

Давайте **познакóмимся**.
(Меня зовут) Олег (Ольга).
Олег Петрович (Ольга Петровна).
Я Иванов(-а).

Познакомьтесь (,пожалуйста)!
Очень **приятно** (с вами познакомиться).
Я рад(-а) с вами (тобой) познакомиться.
Мы уже **знакóмы**. Мы уже встречались.
Я о вас (тебе) слышал(-а).

**2** Скажите, кто с кем знакомится.

В – Мы говорим с вами уже час, а ещё не знакомы. Давайте познакомимся. Меня зовут Вера. А как вас зовут?

Н – Нина. Очень рада с вами познакомиться

Б – Познакомьтесь, пожалуйста. Это мои родители, а вот моя сестра Галина.

А – Меня зовут Андрей. Приятно познакомиться с вами.

Т – Вы уже знакомы с моей подругой из Москвы?

А – Нет, мы ещё не познакомились. Но я о вас уже слышал. Давайте познакомимся. Я Андреас.

В – А я Вера.

**3** Скажите по-русски.

1. Stellen Sie sich russischen Touristen vor einer Exkursion durch Ihre Heimatstadt vor.
2. Machen Sie Ihren russischen Gast, der bei Ihnen zu Besuch weilt, mit Ihrer Freundin (Ihrem Freund) bekannt.
3. Stellen Sie Ihrem russischen Gast Mitglieder Ihrer Familie vor.

**4** Познакомьтесь. Спросите друг друга.

Как вас зовут?
Сколько вам лет?
Когда вы родились?
Где вы родились?
Где вы живёте?
Когда вы **пошли́ в шко́лу**?
Где вы учитесь?
Чем вы занимаетесь в свободное время?
Есть ли у вас братья и сёстры? Сколько им лет?

финиш

**5** Stellen Sie sich vor, Sie lernen einen russischen Jugendlichen kennen. Machen Sie sich mit ihm näher bekannt.

**6** *So kann man Gewißheit und Zweifel ausdrücken.*

Я **уве́рен**(-а), что …
Я не уверен (в том), что …
Я **счита́ю** *(кого? кем?)*
По-моему, …
Я думаю, что …

**Наве́рно**, …
Мне **ка́жется**, что …
**Мо́жет быть**, …
Я **боюсь**, что …

**7** Переведите рассказ Андрея о своих друзьях.

Я считаю Бориса справедли́вым **челове́ком**. Я уверен, что он всегда говорит правду.

Может быть, Виктор не очень ве́жливый человек, но, наверно, он честный друг.

По-моему, Вера – умная девушка. Мне кажется, что она много знает.

Я боюсь, что Таня тебе не понравится, потому что она не очень активная. Таня – скромная девушка, и я думаю, что она добрая.

Я не уверен в том, что Игорь гру́бый человек. Я видел, как он помогал старым **лю́дям**.

**8** Скажите, почему вы дружите с вашим другом (с вашей подругой).

Используйте упр. 6 и следующие слова:

хоро́ший, до́брый, у́мный, стара́тельный, че́стный, акти́вный, **живо́й**, аккура́тный, лени́вый, интере́сный, скро́мный, справедли́вый, гру́бый, ро́бкий, ве́жливый, любопы́тный, сме́лый, ску́чный

**9** Berichten Sie über Ihre Freundin (Ihren Freund). Ersetzen Sie, wo möglich, das Wort подруга (друг) durch das Personalpronomen.

Я хочу рассказать о моей новой подруге (о моём новом друге).
Мою подругу (моего друга) зовут …
Моей подруге (моему другу) … лет. У моей подруги (моего друга) есть …
Моя подруга (мой друг) живёт в … Я часто встречаюсь с моей подругой (моим другом). Я считаю мою подругу (моего друга) … Мы с подругой (другом) любим … Я уверен(-а), что моя подруга (мой друг) …

**10** Скажите, как вы проводите свободное время.

Используйте:

любить *что*? *(что делать?)*, писать *что*?, танцевать *где*?, фотографировать *что*?, участвовать *в чём*?, ходить *куда*?

**11** Schreiben Sie die Verben der Übung 10 in der 1. und 2. Person Singular sowie in der 3. Person Plural auf.

**12** Запомните.

*Konsonantenwechsel bei der Konjugation*

| e-Konjugation | | и-Konjugation | |
|---|---|---|---|
| | пи с ать | | хо д ить |
| я | пи ш у | я | хо ж у |
| ты | пи ш ешь | ты | хо д ишь |
| он | пи ш ет | он | хо д ит |
| мы | пи ш ем | мы | хо д им |
| вы | пи ш ете | вы | хо д ите |
| они | пи ш ут | они | хо д ят |

in allen Personen:

показать *v.*
рассказать *v.* } з – ж

nur in der 1. Person Singular:

проводить
видеть } д – ж

встретиться *v.* т – ч

пригласить *v.* с – ш

любить б – бл

купить *v.* п – пл

↗ KRS 169.1, 171, 172.1

**13** Дополните (письменно).

*любить*

Я … читать книги Айтматова. Ты тоже … его книги?

*ходить*

Ты часто … на дискотеку? – Нет, я не умею танцевать. Я не … на дискотеку.

*проводить*

Я … вечера́ дома. А где ты … свободное время?

*встретиться*

Завтра я … с другом на стадионе. – Когда вы …?

*показать*

Когда ты мне … твои новые фотографии? – Я … тебе их завтра.

*писать*

Ты часто … письма после школы? – Нет, я … письма и вечером. А я …

**14** Berichten Sie
- über sich (Name, Alter, Geburtstag, Wohnort, Schule, Klasse);
- wie Sie Ihre Freizeit verbringen;
- was Sie regelmäßig an bestimmten Tagen tun;
- was Sie gern und was Sie ungern tun;
- mit wem Sie befreundet sind (Name, Alter, Wohnort);
- warum Sie mit ihm (ihr) befreundet sind (Charakter, Interessen);
- was Sie gemeinsam unternehmen.

## Кем вы хотите стать?

**15** *So kann man fragen und ausdrücken, welchen Beruf jemand ausübt.*

| | |
|---|---|
| Кто ваш **оте́ц** (по **профе́ссии**)?<br>Was ist Ihr Vater (von Beruf)? | – Мой отец по профессии учитель.<br>– Мой отец – учитель, но теперь он **безрабо́тный**. |

| | |
|---|---|
| Кем работают ваши родители? Welchen Beruf üben Ihre Eltern aus? | – Мой отец работает учителем. Моя **мать** работает учительницей. |

**16** Скажите,
– кем работают члены вашей семьи,
– где они работают.

Эти профессии вы уже знаете:
врач, инженер, медсестра, официант, официантка, продавец, работница, рабочий, тракторист, учитель, учительница.

Wählen Sie die russischen Bezeichnungen für weitere Berufe bzw. ausgeübte Tätigkeiten aus.

| | |
|---|---|
| Facharbeiter im Bauwesen | строи́тель |
| Maurer | ка́менщик |
| Dachdecker | кро́вельщик |
| Tischler | столя́р |
| Maler | маля́р |
| Elektriker | эле́ктрик |
| Klempner | санте́хник |
| Installateur | монтёр |
| Projektant | проектиро́вщик |
| Architekt | архите́ктор |
| technischer Zeichner | чертёжник |
| Handwerker | ремéсленник |
| Autoschlosser | автослéсарь |
| Schlosser | слéсарь |
| Genossenschaftler | коопера́тор |
| Kaufmann | торго́вый рабо́тник |
| selbständiger Unternehmer | предпринима́тель |
| Vertreter einer Firma | представи́тель фи́рмы |
| ~ einer Versicherung | ~ страхово́го о́бщества |
| ~ einer Bank | ~ ба́нка |
| Informatiker | инженéр по информа́тике |

| | |
|---|---|
| Angestellte(-r) | слу́жащий, слу́жащая |
| Beamte(-r) | госуда́рственный(-ая) слу́жащий(-ая) |
| Arbeitsberater | консульта́нт по трудоустро́йству |
| Buchhalter | бухга́лтер |
| Steuerberater | консульта́нт по вопро́сам нало́гов |
| Volkswirt | экономи́ст |
| Landwirt | крестья́нин<br>фе́рмер<br>агроно́м |
| Friseur, Friseuse | парикма́хер |
| Koch (Köchin) | по́вар(-и́ха) |
| Gärtner(-in) | садо́вник, садо́вница |
| Gastwirt | владе́лец, рестора́на |
| Kindergärtnerin | воспита́тельница в де́тском саду́ |
| Dolmetscher(-in) | перево́дчик, перево́дчица |
| Journalist | журнали́ст(-ка) |

Эти места работы вы уже знаете:
библиотека, больница, гостиница, детский сад, дом отдыха, завод, зоопарк, кинотеатр, (продовольственный) магазин, музей, ресторан, почта, ратуша, театр, универмаг, школа.

Wählen Sie die für Sie zutreffenden russischen Bezeichnungen für Arbeitsplätze aus.

| | |
|---|---|
| Fabrik | фа́брика *где?* (на фабрике) |
| Werkstatt | мастерска́я (в мастерской) |
| Reparaturwerkstatt | ремо́нтная мастерска́я |
| Werft | верфь (на ве́рфи) |
| Verlag | изда́тельство (в изда́тельстве) |
| Landwirtschaft | **се́льское хозя́йство** |

**17** Запомните.

*Suffixe zur Bildung von Substantiven, die Personen bezeichnen*

| | | |
|---|---|---|
| учить | учитель | -тель |
| | учительница | -тельниц-а |
| школа | школьник | -ник |
| | школьница | -ниц-а |
| трактор | тракторист | -ист |
| | трактористка | -истк-а |

↗ KRS 298

**18** Сравните и переведите.

жить – житель;
покупать – покупатель;
писать – писатель, писательница;
велосипед – велосипедист, велосипедистка;
гитара – гитарист, гитаристка;
журнал – журналист, журналистка;
машина – машинист, машинистка(!);
теннис – теннисист, теннисистка;
футбол – футболист;
лыжи – лыжник;

**19** *So kann man fragen und ausdrücken, welchen Beruf jemand ergreifen will.*

| | |
|---|---|
| Кем ты хочешь **стать**? | – Я хочу стать учительницей. |
| Was willst du werden? | – Ich will Lehrerin werden. |

**20** Составьте предложения.

| | |
|---|---|
| стать | *кем?* |
| я ста́ну | (продавец, учительница, ↗ LB 16) |
| ты ста́нешь | |

**21** *So kann man Aussagen begründen.*

После **окончáния** школы я хочу стать учительницей, потому что мне нравится работа с детьми.
Мне нравится работа с детьми, **поэ́тому** после окончания школы я хочу стать учительницей.

**22** Bilden Sie zusammengesetzte Sätze.

Ⓜ Нина любит книги. Она хочет работать в библиотеке.
Нина любит книги, поэтому она хочет работать в библиотеке.

1. Отец Игоря любит деревню. Он стал работать в сельском хозяйстве.
2. Мой брат хочет стать хорошим спортсменом. Он тренируется на спортплощадке три раза в неделю.
3. Моя подруга любит детей. Она хочет стать воспитательницей в детском саду.
4. Моя старшая сестра увлекается музыкой. Она часто ходит на концерты.

**23** Переведите и прочитайте вслух.

Я хочу стать продавцом. После школы я буду учиться в **профессионáльном учи́лище**.
Мой старший брат станет слесарем. Он уже учится в профессиональном училище. Через два года он поступит на работу.

Wo Sie sich noch auf einen Beruf vorbereiten können.

| | | |
|---|---|---|
| | im Gymnasium | в гимна́зии |
| | in der Fachschule | в те́хникуме |
| учиться | in der Volks-hochschule | в вече́рней шко́ле |
| | in der Hochschule | в вы́сшей шко́ле |
| | im Institut | в институ́те |
| | an der Universität | в университе́те |

**24** Запомните.

| | |
|---|---|
| **поступи́ть/поступа́ть** *куда?* | – в те́хникум |
| я поступлю́ | – в институ́т |
| ты посту́пишь | – в университе́т |
| | – в профессиона́льное учи́лище |
| | – на рабо́ту |
| | – на заво́д |

**25** Ответьте на вопросы. Используйте слова из упр. 16 и 23.
Кем вы хотите стать?
В какое училище вы хотите поступить после окончания школы?
Кем хотят стать ваши друзья? Где они будут учиться?

финиш **26** Составьте диалоги. Поговорите о том,
– в каком классе вы учитесь;
– какие профессии вам нравятся;
– кем вы хотите стать после окончания школы;
– почему вы хотите стать ...;
– куда вы хотели бы поступить после окончания школы;
– как вы гото́витесь (sich vorbereiten) к этой профессии.

финиш **27** Schreiben Sie einem russischen Jugendlichen einen Brief, in dem Sie über sich, Ihre Interessen, Ihre Freunde und Ihren Berufswunsch berichten.

# Из жизни знаменитых людей

**28** Erinnern Sie sich an die Ratschläge zum Erschließen der Bedeutung unbekannter Wörter.

Lesen Sie folgende Wörter (laut) und erschließen Sie die deutsche Bedeutung vom Klangbild her:

му́зыка, компози́ция, компози́тор, компози́торский, о́пера, симфо́ния, бале́т, рома́нс, кварте́т, три́о, фортепья́но, орке́стр, консервато́рия; министе́рство, юсти́ция, юри́ст, материа́льный, провинциа́льный, поэти́ческий

Versuchen Sie, durch den Vergleich mit bereits bekannten Wörtern und aus dem Sinnzusammenhang die Bedeutung folgender Wörter zu erschließen:

| | |
|---|---|
| жизнь | – жить; проводить жизнь в Берлине |
| многочи́сленный | – много; число |
| де́тство | – Дети наших друзей жили в деревне. – Они провели детство в деревне. |
| пе́ние | – петь песню – любить пение |
| игра́ | – играть на гитаре – игра на гитаре |
| перепи́ска | – переписываться с друзьями – вести переписку с друзьями |
| приглаше́ние | – пригласить |

Nennen Sie den Hauptsatz der Satzgefüge.

Когда ему было десять лет, он поступил в Петербургское училище правоведения.
Благодаря материальной поддержке Наде́жды фон Мекк, с которой в 1876 – 1890 годах Чайко́вский вёл дружескую переписку, он смог отдаться композиторскому труду.
Дом в Клину́, где Чайковский жил, стал домом-музеем.

Suchen Sie aus dem Hauptsatz Subjekt und Prädikat heraus und übersetzen Sie diese.
Übersetzen Sie nun den gesamten Hauptsatz und anschließend den Nebensatz.

**29** Расскажите, что вы узнали о жизни и творчестве Чайковского.

## ИЗ ЖИЗНИ И ТВОРЧЕСТВА ПЕТРА ИЛЬИЧА ЧАЙКОВСКОГО (1840–1893)

Вы знаете эти **произведе́ния**?

Кто не знает произведе́ния **вели́кого** композитора, кто не любит его музыку? Люди во всём мире любят его оперы, как, например, «Евге́ний Оне́гин», «Пи́ковая да́ма», его симфонии и балеты. Очень известны его многочисленные романсы.

Пётр Ильич Чайковский родился на Урале, в городе Во́ткинске. Уже с ра́ннего детства он любил музыку – пение матери, её игру на фортепьяно.

Когда ему было десять лет, он поступил в Петербургское училище правове́дения, но продолжал увлекаться музыкой: пел в хоре, брал уроки игры на фортепьяно. После окончания училища он поступил на службу в Министерство юстиции.

В 1862 году в Петербурге открыли консерваторию. Чайковский поступает в класс композиции Антона Рубинште́йна и через три года кончает курс с золотой медалью. После окончания консерватории он получает приглашение из Москвы преподавать в Московской консерватории. С 1866 года по 1877 год Чайковский – профессор Московской консерватории. В этот пери́од жизни родились его первые оперы и симфонии, первый концерт для фортепьяно с оркестром, другие произведения. Благодаря материальной подде́ржке Надежды фон Мекк, с которой в 1876–1890 годах Чайковский вёл дру́жескую перепи́ску, он смог от-

даться композиторскому труду. Но Чайковский и Надежда фон Мекк никогда не виделись.

Семь лет Чайковский жил в разных городах Росси́и и Европы. А последние годы жизни композитор провёл в Клину́. Это ма-

ленький провинциальный городок недалеко от Москвы. Здесь были тишина́, русская природа – всё, что он любил с детства.

Кто слушает стру́нные квартеты Чайковского, его трио, его поэтические пьесы для фортепьяно, тот чувствует в них русскую ду́шу, русскую природу. Чайковский сказал: «Я до стра́сти любил всё русское ...»

Дом в Клину́, где Чайковский жил, стал домом-музеем. Сюда приезжают люди, любящие музыку, изо всех стран мира.

**30** Ответьте на вопросы.

Где родился Пётр Ильич Чайковский?
Чем он увлекался с раннего детства?
Где он работал после окончания училища?
Сколько лет ему было, когда он поступил в консерваторию?
Где он преподавал в Москве?
Какие произведения он написал в московский период?
Где Чайковский провёл последние годы жизни?
Какие оперы, балеты и симфонии Чайковского вы знаете?

## ЧЕЛОВЕ́КУ НУ́ЖНА́ ТИШИНА́

Челове́ку быва́ет нужна́
Тишина́.
Что́бы слы́шать,
Как ды́шит трава́,
Что́бы ве́рить,
Что ре́чка жива́,
Что́бы ду́мать о пе́сне
В ночи́,
Что́бы слы́шать,
Что пу́шка мертва́
И что се́рдце люби́мой
Стучи́т.
Челове́ку нужна́ тишина́.

В. Кулёмин

**31** Erschließen Sie folgende unbekannte Wörter mit Hilfe bekannter Wörter:

писа́тель – писать (↗ LB 17)
воспита́ть/воспи́тывать – воспита́тельница – воспита́тель
око́нчить – кончаться
обучи́ть – учить
обуче́ние – *Subst. zu* обучить, учить
око́нчить учёбу – кончить учиться
издава́ть – из; дать/давать
педагоги́ческий, педагогический журнал – педаго́гика
счастли́вый мальчик, счастливая девушка – счастье

Ordnen Sie folgende Wörter nach dem Alphabet. Erschließen Sie die Bedeutung mit Hilfe des Wörterbuches.

производи́ть, бога́тый, полтора́, де́ятельность, впечатле́ние, по́весть, служи́ть, жени́ться, путеше́ствовать.

**32** ИЗ ЖИЗНИ И ТВОРЧЕСТВА ЛЬВА НИКОЛАЕВИЧА ТОЛСТОГО (1828–1910)

В 180 километрах к югу от Москвы, недалеко от города Ту́лы, где производят знаменитые тульские самовары, находится дворя́нская

уса́дьба[1] Я́сная Поля́на. Здесь родился, жил и работал великий русский писатель Лев Никола́евич Толсто́й.

Толстой родился в 1828 году. Он рано потерял[2] родителей.

Мальчика, как детей всех бога́тых дворя́нских семе́й, воспи́тывали иностранные учителя. В 1844 году, в шестнадцать лет он поступает в Казанский университет, но в 1847 году он внеза́пно уходит из университета и возвращается[3] в Ясную Поляну. Там он начинает в школе учить крестья́нских детей, улучшать быт крестьян.

В 1851–1853 годах Лев Николаевич Толстой служит на Кавка́зе и участвует в ру́сско-туре́цкой войне́[4]. Впечатления от этой войны отрази́лись[5] в его «Севасто́польских рассказах».

В 1857 году, в 1860–1861 годах он путешествует по Фра́нции, Швейца́рии, Ита́лии и Герма́нии. В Германии он знакомится со знаменитым немецким педаго́гом Ди́стервегом. Дома в Ясной Поляне Толстой занимается педагоги́ческой де́ятельностью, издаёт педагогический журнал «Ясная Поляна».

В 1862 году Толстой женится на Софье Андреевне Берс.

60-е годы – годы напряжённого литературного труда. В 1863 – 1869 годах писатель создаёт знаменитый роман «Война́ и мир». В 70-е годы он пишет и «Анну Каре́нину». В 1889–1899 годах создаётся роман «Воскресе́ние»[6]. В своих произведениях Толстой выражает ве́ру в то, что любовь всех ко всем может измени́ть жизнь к лу́чшему[7], что вера в бо́га сделает человека добрым и счастливым.

В 1910 году великий писатель умер.

Сегодня Ясная Поляна – культурный центр. Сюда приезжают со всего мира туристы, писатели, учёные – все, кто интересуется литературой.

[1] Adelsgut [2] verlor [3] kehrt zurück [4] Russisch-Türkischer Krieg (Krimkrieg) 1853–1856
[5] spiegelten sich wider [6] „Auferstehung“ [7] zum Besseren

**33** Beantworten Sie die Fragen:

Was haben Sie über Tolstois Kindheit und Jugendzeit erfahren?
Worüber schreibt Tolstoi in den „Sewastopoler Erzählungen“?
Wohin führten ihn seine Auslandsreisen?
Warum suchte Tolstoi die Bekanntschaft mit dem deutschen Pädagogen Diesterweg?
Welche Romane Tolstois haben Weltruf erworben?
Welche philosophische Haltung kommt in diesen Werken zum Ausdruck?

**34** Выучите новые слова.

| | | |
|---|---|---|
| **и́мя***, и́мени *n.* | Vorname | Моё имя Нина. |
| **о́тчество*** | Vatersname | Моё отчество Викторовна. |
| **фами́лия*** | Familienname | Моя фамилия Иванова. |
| лю́ди *Pl.*, -е́й | Leute, Menschen | много людей |
| челове́к | Mensch | |
| боя́ться *кого? чего?* (↗ KRS 222) | (sich) fürchten, Angst haben vor | Чего ты боишься? |
| по-/знако́миться *с кем?* | sich (mit jemandem) bekannt machen | Давайте познакомимся! Познакомьтесь! Вы уже познакомились? |
| Мы уже́ знако́мы. | Wir sind bereits bekannt. | |
| пойти́ *v.* (*см.* идти, ↗ KRS 222) в школу | eingeschult werden | Он пошёл в школу в … году. |
| счита́ть *кого? кем?* | halten für | считать его хорошим человеком |
| ка́жется | es scheint | Кажется, она умная. |
| мо́жет быть | vielleicht | Может быть, он не вежливый. |

| | | |
|---|---|---|
| живо́й | lebhaft | |
| уве́рен, -а; -ы | überzeugt (sein) | Он уверен (в том), что … |
| наве́рно | wahrscheinlich; sicher | |
| прия́тно | angenehm | Очень приятно с вами познакомиться. |
| мать, ма́тери *f.* | Mutter | |
| оте́ц, отца́ | Vater | |
| оконча́ние | Beendigung | после окончания школы |
| профе́ссия | Beruf | Кто вы по профессии? |
| профессиона́льное учи́лище | Berufsschule | поступить в профессиональное училище |
| се́льское хозя́йство | Landwirtschaft | работать в сельском хозяйстве |
| безрабо́тный | arbeitslos | Моя сестра безрабо́тная. |
| поступи́ть/поступа́ть *куда́*? | eintreten in eine Bildungseinrichtung *(eine Arbeit antreten)* | поступить в институт (на работу) |
| стать *v. кем*? (↗ KRS 222) | *(etwas)* werden; anfangen, beginnen | стать учителем стать работать на заводе |
| поэ́тому | deshalb | |
| жизнь*, -и *f.* | Leben | из жизни |
| произведе́ние* | Werk *(Literatur, Kunst)* | произведение Пушкина |
| вели́кий* | groß (bedeutend) | великий поэт |
| знамени́тый* | berühmt | знаменитый писатель |

# 2

## Для тех, кто любит литературу

Русская класси́ческая литература XIX века отно́сится к са́мым бога́тым сокро́вищницам[1] миров́ой литературы. Она оказа́ла большое влия́ние на западноевропе́йскую литературу. Это плодотво́рное влия́ние нашло́ своё отраже́ние в немецкой литературе не только XIX, но и XX века.

Томас и Генрих Манн, Герхарт Гауптман, Райнер Мария Рильке, Герман Гессе, Лион Фейхтвангер и мно́гие други́е знамени́тые немецкие писатели и поэ́ты высоко́ цени́ли русскую литературу. Герхарт Гауптман сказал в 1945 году: «Мои литературные ко́рни ухо́дят к Толсто́му». А Томас Манн называл знакомство с великой русской литературой одним из выдаю́щихся собы́тий[2], которое повлия́ло на духо́вное разви́тие молодёжи его времени.

А. С. Пу́шкин (1799–1837)

рома́н:
  Капита́нская до́чка
рома́н в стиха́х:
  Евге́ний Оне́гин
по́вести:
  По́вести Бе́лкина
  Пи́ковая да́ма
поэ́мы и стихотворе́ния:
  Ме́дный вса́дник
  Русла́н и Людми́ла
  Бахчисара́йский фонта́н
  Посла́ние в Сиби́рь
  Воспомина́ния в Ца́рском Селе́
ска́зки:
  Ска́зка о царе́ Салта́не
  Ска́зка о рыбаке́ и ры́бке
  Ска́зка о золото́м петушке́

[1] gehört zu den reichsten Schätzen [2] hier: als eines der hervorragendsten Erlebnisse

Н. В. Го́голь
(1809–1852)

рома́н–поэ́ма:
Мёртвые ду́ши
по́вести:
Тара́с Бу́льба
Нос
Шине́ль
Соро́чинская я́рмарка
коме́дия:
Ревизо́р

М. Ю. Ле́рмонтов
(1814–1841)

рома́н:
Геро́й на́шего вре́мени
поэ́мы и стихотворе́ния:
Де́мон
Кавка́зский пле́нник
Смерть поэ́та
Бородино́
дра́ма:
Маскара́д

2

И. С. Турге́нев
(1818–1883)

рома́ны:
- Ру́дин
- Дворя́нское гнездо́
- Отцы́ и де́ти

цикл расска́зов:
- Запи́ски охо́тника

Ф. М. Достое́вский
(1821–1881)

рома́ны:
- Бе́дные лю́ди
- Преступле́ние и наказа́ние
- Идио́т
- Бра́тья Карама́зовы

А. П. Че́хов
(1860–1904)

пье́сы:
Три сестры́
Вишнёвый сад
расска́зы:
Неве́ста
Шве́дская спи́чка
Челове́к в футля́ре
Да́ма с соба́чкой

## Мимоходом

Кинозвездочёт

### 1

Рождённые под цифрой «1» хотят быть первыми всегда и во всём, они активно пробива́ются[1] к своей цели, подо́бно геро́ям Жа́на Маре́ и Але́на Дело́на. Иногда они самоуве́ренно-грубова́ты, как Адриа́но Челента́но. Де́йствуют[2] они часто в одино́чку, но всё же хорошо знают значение коллектива.
Возгла́вив коллектив[3], по примеру Ке́рка Ду́гласа в роли Спартака́, они смо́гут дости́чь ещё больших успехов.
Совет для девушек – не огорча́йтесь, если предмет вашей симпа́тии не обраща́ет на вас внима́ния. Улыба́йтесь, как Джулье́тта Мази́на, и вы станете краси́вее[4] Софи́и Лоре́н!

*

[1] sich durchkämpfen [2] handeln [3] nachdem sie sich an die Spitze eines Kollektivs gestellt haben [4] schöner als

– Дедушка, как вы чу́вствуете себя́ в этом доме для престаре́лых[1]?
– Очень хорошо. Пита́ние отли́чное, комната прекра́сная ... вот только девушки могли бы[2] быть лет на сорок моло́же.

*

Молодая симпатичная девушка обраща́ется по по́воду работы[3] в учрежде́ние.
– А что вы умеете?
– Ничего.
– Сожале́ем, но эти места у нас все уже за́няты[4].

*

Дед Мороз спрашивает шестилетнего мальчика:
– Кем бы ты хотел[5] быть, малы́ш?
– Продавцом!
– Но для этого ты ещё мал[6].
– Да, я мог бы[7] торгова́ть из-под прила́вка[8].

*

Умные люди всегда сомнева́ются. Только идио́ты всегда уверены в своих мнениях.

Если хочешь, чтобы[9] перед тобой всю жизнь снима́ли ша́пку, стань гардеро́бщиком.

*

[1] Altersheim [2] könnten [3] wegen Arbeit [4] besetzt [5] würdest du gern [6] zu klein [7] könnte [8] Ladentisch [9] daß

Под каким знаком Зодиа́ка вы родились?

Козеро́г
22.12.–20.1.

Водоле́й
21.1.–19.2.

Ры́бы
20.2.–20.3.

Ове́н
21.3.–20.4.

Теле́ц
21.4.–20.5.

Близнецы́
21.5.–21.6.

Рак
22.6.–22.7.

Лев
23.7.–23.8.

Де́ва
24.8.–23.9.

Весы́
24.9.–23.10.

Скорпио́н
24.10.–22.11.

Стреле́ц
23.11.–21.12.

# 3

# Молодёжь и мода

## Где продают …?

**1** *So kann man sich nach dem Weg erkundigen.*

(↗ Sprachmittel zur Realisierung wichtiger Äußerungsabsichten)
– Скажите, пожалуйста, где находится …?
– Это далеко?
– Как туда дойти (доехать)?
– Извините, как дойти (доехать) до …?
– Туда можно дойти пешком?
– Вы не знаете, на каком автобусе можно доехать до …?

**2** Работайте парами.

Вы не знаете, где здесь находится почта (универмаг, продовольственный магазин, …)?

Спросите вашего собеседника, как туда дойти (доехать), и ответьте на вопросы.

**3** Прочитайте и переведите, какие **отде́лы** есть в универмаге.

**4** *So kann man ausdrücken, daß man etwas einkaufen will.*

(↗ Sprachmittel zur Realisierung wichtiger Äußerungsabsichten)
– Извините, где можно купить …?
– А где здесь продают …?
– Скажите, пожалуйста, у вас есть …?
– Покажите мне, пожалуйста, …!
– Дайте мне, пожалуйста, …!
– Сколько стоит …? Сколько с меня?
– Я возьму …

# 3

Suchen Sie sich die russischen Bezeichnungen für den Schmuck, den Sie gern tragen, heraus.

| | |
|---|---|
| Modeschmuck | – мо́дные украше́ния |
| Armband, -reif | – брасле́т |
| Brosche | – брошь |
| Kette | – бу́сы, цепо́чка |
| Ring | – кольцо́ |
| Ohrklipps | – кли́псы |
| Ohrringe | – се́рьги |

Suchen Sie sich die russischen Bezeichnungen für Ihre Einkäufe in der Parfümerie heraus.

| | |
|---|---|
| Parfümerie | – парфюме́рия |
| Seife | – мы́ло |
| Deospray | – дезодора́нт |
| Parfüm | – духи́ |
| Creme | – крем |

| | |
|---|---|
| Kamm | – расчёска |
| Zahnbürste | – зубна́я щётка |
| Zahncreme | – зубна́я па́ста |
| Rasierapparat | – (безопа́сная) бри́тва |
| Rasiercreme | – крем для бритья́ |
| Make-up | – тона́льный крем |
| Schminkpalette | – космети́ческий набо́р |
| Wimperntusche | – тушь (для ресни́ц) |
| Lidschatten | – те́ни (для век) |
| Lippenstift | – губна́я пома́да |
| Nagellack | – лак для ногте́й |

**5** Прочитайте диалог по ролям.
Составьте такие же диалоги. Используйте упр. 4.

А – Скажите, пожалуйста, у вас есть клипсы?

Б – Есть пластма́ссовые чёрные, белые и серебряные. Какие вам нравятся?

А – Покажите, пожалуйста, чёрные. Броши чёрного **цве́та** тоже есть?

Б – Есть броши, браслеты и бусы.

А – Ой, это хорошо! Я возьму чёрные клипсы, браслет и брошь. Бусы не хочу. В какую кассу платить?

Б – В третью.

**6** Erkundigen Sie sich und erteilen Sie entsprechende Auskunft darüber,
- wo man bestimmte Waren einkaufen kann,
- ob diese Waren vorhanden sind,
- wieviel sie kosten.

Lassen Sie sich die Waren zeigen und sagen Sie,
ob Sie sie kaufen möchten.

**7** Переведите, а потом прочитайте по ролям.

А – Мне **нужна́** зубная паста. Что вы можете **предложи́ть**?

Б – Предлагаю вот эту болгарскую, она очень хорошая.

А – Я возьму её. А ещё мне нужен крем. Платить вам?

Б – Нет, в кассу. Там получите **чек**, а потом сюда, ко мне.

**8** Запомните.

### *Wiedergabe von „brauchen“*

| | | |
|---|---|---|
| Мне | ну́жен | крем. |
| | нужна́ | зубная щётка. |
| | ну́жно | мыло. |
| | нужны́ | духи. |

↗ KRS 260

**9** Скажите, что вам нужно.

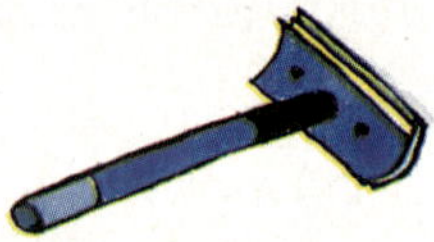

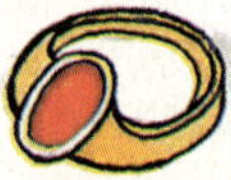


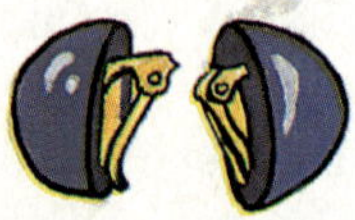


**10** Кому это нужно?

Вика Наташа Ирина

Миша Сергей Иван

**11** Переведите.

| | | | |
|---|---|---|---|
| Мне | нужен | был<br>будет | дезодорант. |
| | нужна | была<br>будет | расчёска. |
| | нужны | были<br>будут | зубная паста и<br>зубная щётка. |

**12** Запомните.

Präteritum und Futur von «нужен» werden mit den entsprechenden Zeitformen von «быть» gebildet.
Beachten Sie die Übereinstimmung in Numerus und Genus.

**13** Скажите,
– что вам сегодня нужно,
– что вам нужно было вчера,
– что вам нужно будет завтра.

финиш

**14** Работайте парами.

Stellen Sie sich vor, Sie sind in Rußland zu Besuch. Dort merken Sie, daß Sie etwas, das Sie dringend benötigen, zu Hause vergessen haben.

Teilen Sie dies Ihren Gastgebern mit und erkundigen Sie sich,
– wo Sie diesen Artikel kaufen können,
– wie Sie dorthin gelangen.
Ihre Gastgeber erteilen Ihnen die entsprechende Auskunft.

## Как мы одеваемся

**15** Прочитайте со словарём.

а) **Молоды́е** люди интересуются модой. Они любят **одева́ться мо́дно.** В универмагах и магазинах есть отделы **молодёжной** моды. Там продают модную одежду для молодых людей.

б) Сравните: молодой – молодёжь – молодёжный
мода – модно
одеваться – **оде́жда**

**16** Прочитайте. Составьте такие же диалоги. Используйте иллюстрации.

В универмаге
А – Покажите мне, пожалуйста, **кроссо́вки**.
Б – Какой **разме́р** вам нужен?
А – Сороковой.

Б – Пожалуйста, **приме́рьте** эти.

А – Сколько они стоят?

Б – 50 рублей.

А – Ой, это **до́рого**!

Б – Да, но они **ко́жаные**.

А – Спасибо, я ещё подумаю. А **ма́йки** у вас есть?

Б – Да, хлопчатобума́жные[1], и они стоят не очень дорого. Пожалуйста, можете посмотреть.

А – Эта зелёная майка мне нравится. Я возьму её. Платить вам ?

Б – Нет, в кассу.

А – Спасибо.

**джи́нсы**

**джинсо́вая ю́бка**

**джинсо́вая ку́ртка**

**пиджа́к**

**пальто́**

**пла́тье**

[1] Baumwoll-

# 3

**блу́зка**

**костю́м**

**брю́ки**

**руба́шка**

**сви́тер**

**носки́**

**ту́фли**

**ту́фли**

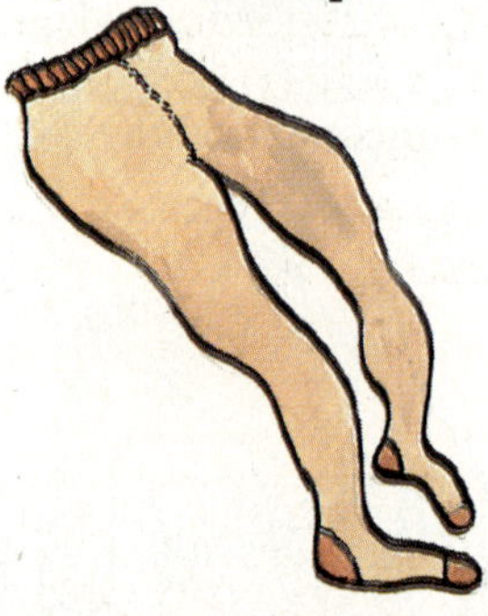

**колго́тки**

**го́льфы**

**17** Составьте предложения.

| | | |
|---|---|---|
| **носи́ть** | *что?* | быть *в чём?* |
| я ношу́ | (пальто, | Я в джинсах. |
| ты но́сишь | свитер, юбка...) | Она сегодня в красивом платье. |

**18** Sagen Sie, wie Ihre Mitschüler heute gekleidet sind.

Ⓜ На Астрид джинсы, белый свитер и чёрные туфли. Андрей сегодня в **тёмных** брюках, в **све́тлой** рубашке и в кроссовках.

**19** Was tragen Sie bzw. Ihre Freunde
- in der Schule?
- bei der Disko?
- im Theater?
- bei einer Familienfeier?

**20** Запомните.

Что **подхо́дит** *кому? к чему?*
Юбка тебе подходит.
Майка не подходит к юбке.
Что **идёт** *кому?*
Платье ей очень идёт.

**21** Переведите.

Это платье Наташе велико́, а Рите мало́.
Эти красивые туфли мне велики́, а тебе малы́.
Свитер красивый, но он **дли́нен**.
Не покупай этот пиджак. Он **ко́роток** и до́рог.
Юбка тебе не подходит, она коротка́.
Это пальто тебе идёт, но оно до́рого.
Этот костюм Борису не подходит. Он ему **вели́к**.
А старшему брату Бориса он **мал**.

Нине эта юбка велика́, а Тамаре она мала́. Мне эта юбка **как ра́з**.
Возьми эти джинсы, они длинны́, но **дёшевы**.
Не примеряй это платье, я вижу, что оно ко́ротко.
Возьми другое. Оно тебе как раз и дёшево.

**22** Запомните.

Die Kurzformen der Adjektive stimmen in Genus und Numerus mit dem Substantiv überein. Sie drücken häufig ein Übermaß aus, z. B. zu (sehr) groß, zu (sehr) billig …

**23** Составьте диалоги по образцу.

Ⓜ – Смотри, Ира, какая красивая блузка.
Я думаю, она тебе очень пойдёт. Примерь её.
– Да, блузка красивая. Но она мне не подходит.
Она велика (мала).

**24** Sagen Sie Ihrem Gesprächspartner, daß
– ihm seine Hose (nicht) paßt (sie zu groß, zu klein ist);
– sein Pullover (nicht) zur Hose paßt;
– sein Pullover zu groß (zu klein) ist;
– der Pullover ihm (nicht) steht.

финиш **25** Прочитайте разговор. Новое слово посмотрите в упр. 35.

Ира: В чём ты сегодня вечером пойдёшь в театр?
Валя: У меня есть новые джинсы.

Ира: Джинсы? По-моему, в джинсах **нельзя́** ходить в театр.

Валя: А почему? Я всегда ношу джинсы. Другая одежда мне не нужна.

Ира: Я их тоже люблю, но в театр хожу только в платье. А джинсы я ношу только в школе и дома.

Валя: Платья я не люблю. Но мама купила мне недавно юбку. Вот смотри!

Ира: Ох, красивая юбка – цвет модный и фасон по последней моде. Примерь её. Юбка тебе идёт. Только майка к ней не подходит.

Валя: Правда, майка не подходит. А вот эта светлая блузка?

Ира: Эта блузка тебе идёт и хорошо подходит к юбке

**26** Ира сказала Вале: «По-моему, в джинсах нельзя ходить в театр».

Вы с этим согласны?
Скажите, в какой одежде можно ходить в (на)…, а в какой нельзя ходить в (на)…

## Мода и образ жизни

**27** Переведите и обратите внимание на формы местоимения **«весь»** (↗ KRS 132).

Во всём мире молодые люди интересуются модой. Вы, наверно, знаете, что Париж – центр моды. Хорошо, когда у всех молодых людей есть модная одежда, косметика, украше́ния, когда все хорошо одеваются. Но не всем нравится, как одевается иногда молодёжь в школе, в театре или на улицах.
Подходят ли, например, джинсы ко всем случаям? Об этом можно спорить.

**28** Versuchen Sie, die folgenden unbekannten Wörter und Wortgruppen zu erschließen
– mit Hilfe ähnlich lautender Wörter der Muttersprache:
стиль; эффе́ктный, практи́чный;
– durch Schlußfolgerung:
мальчик ––– юноша ––– мужчи́на; мужска́я одежда
девочка ––– девушка ––– же́нщина; же́нская одежда.

**29** Мода – какую роль она играет для вас? А для ваших родителей? Прочитайте текст и ответьте на вопросы.

Женщина и мода – это всегда рядом. Женщины скорее покупают новые красивые платья, даже если могли бы (könnten) обойти́сь без них.
Стиль женской одежды, украшений и причёсок меня́ется очень часто и всегда соответствует определённому времени[1].
Каждая женщина хочет взять из моды то, что делает её бо́лее привлекательной.
А мужчины слушают голос ра́зума и покупают одежду, необходимую и удо́бную, пусть не очень эффе́ктную на вид.
С начала века мужская одежда почти не менялась, мужской костюм практи́чен, но однообра́зен.

Какую одежду вы любите носить?
Ваша одежда всегда нравится вашим родителям?
Кто покупает вашу одежду – ваши родители или вы?
В какой одежде вы ходите в школу, а в какой – в театр?

финиш **30** Teilen Sie Ihrem Freund (Ihrer Freundin) schriftlich mit,
– daß Sie sich ein bestimmtes Kleidungsstück gekauft haben;
– warum Sie sich dieses Kleidungsstück gekauft haben;
– was man jetzt trägt, was nicht mehr aktuell ist.

**31** Versuchen Sie, die folgenden unbekannten Wörter und Wortgruppen zu erschließen
– mit Hilfe ähnlich lautender Wörter der Muttersprache:
аэро́бика, ди́ско-му́зыка, ди́ско-стиль, элеме́нт, романти́зм, фолькло́р, ми́ни-ю́бка; интенси́вно, популя́рный;
Евро́па, А́нглия, Фра́нция, И́ндия, А́фрика;
ориенти́руется (ориенти́роваться), адресу́ется (адресова́ться; а́дрес);
– mit Hilfe bekannter Wörter, von Sinnzusammenhängen und Antonymen:
(по-)слу́шаться – слушать, например, учителя и делать, что он говорит
необходи́мая одежда = нужная (↗ нужен) одежда
с нача́ла века – это было в 1902, или в 1910 году
без – чай с сахаром – чай без сахара.

[1] entspricht einer bestimmten Zeit

**32** Переведите со словарём.

Литература, музыка и кино **ока́зывают влия́ние** на молодёжь.
Известные киноартисты часто ока́зывали влияние на моду.
Спорт также оказывает влияние на моду.

**33** Nennen Sie von folgenden Verben den Infinitiv und erschließen Sie mit Hilfe des Wörterbuches die deutsche Bedeutung:
появи́лись, ста́ли, уступи́ло.

Erschließen Sie mit Hilfe des Wörterbuches die deutsche Bedeutung:
принесла ↗ принести
пришли ↗ прийти.

## 34 ИЗ ИСТОРИИ МОЛОДЁЖНОЙ МОДЫ

Большое влияние на моду после войны в Европе оказал американский образ жизни с его выражением в одежде.
Молодёжь, особенно во Франции и в Англии, хотела отлича́ться от всех други́х людей не только поведе́нием, но и одеждой.
Её одеждой стали джинсы. Они пришли из Америки, и против них сначала выступали школы, многие родители. В 60-х годах появи́лись и первые хиппи в соверше́нно необыкнове́нной одежде. В Англии родилась мода на мини-юбки.
Завоева́ние космоса также оказало влияние на разви́тие моды – появились шле́мы, очки́, серебряные материалы, например, во французской моде.
В конце 60-х и в начале 70-х годов появился новый романтический стиль в одежде. Этот романтизм содержа́л элементы фольклора далёких стран (Индии, Южной Америки, Африки).
Сегодня мода всё бо́лее интенсивно ориенти́руется на одежду для отдыха и спорта. Вместе с аэробикой и другими видами спорта появились костюмы, которые носят не только для занятий спортом. Одежда 80-х годов стала спортивной, более свободной.
Очень популярны у молодёжи дискотеки. Большую роль играет диско-музыка. Диско-музыка принесла в моду новый стиль – диско-стиль. Длинное платье уступи́ло место у́зким брюкам, блузкам и майкам. Диско-стиль адресуется прежде всего молодым.
Как образ жизни оказывает влияние на моду, так и мода влияет на образ жизни.

# 3

Wodurch hat sich der Stil der Kleidung für Jugendliche nach dem zweiten Weltkrieg geändert?
Welches Kleidungsstück hat sich trotz vieler Vorbehalte der Erwachsenen durchgesetzt?
Nennen Sie typische Erscheinungen aus der Mode der 60er Jahre.
Wodurch wurde der Modestil der 80er Jahre entscheidend beeinflußt?
Übersetzen Sie den letzten Satz. Halten Sie ihn für richtig?

**35** Выучите новые слова.

| | | |
|---|---|---|
| мóда | Mode | |
| молодёжь*, -и *f.* | Jugend | |
| óбувь*, -и *f.* | Schuhwerk | |
| отдéл | Abteilung | |
| цвет | Farbe | Какого цвета эти клипсы? |
| чек | Kassenzettel | Вот вам чек. |
| предложúть/ предлагáть | vorschlagen | |
| нýжен, -жнá, -жно; нужны́ | brauchen | Мне нужен свитер. |
| одéжда* | Kleidung | |
| блýзка | Bluse | красная блузка |
| брю́ки *Pl.*, брюк | (lange) Hose | |
| гóльфы *Pl.*, -ов | Kniestrümpfe | |
| джúнсы *Pl.*, -ов | Jeans | |
| джинсóвая ю́бка | Jeansrock | |
| колгóтки *Pl.*, -ток | Strumpfhose | |
| костю́м | Anzug; Kostüm | спортивный костюм |
| кроссóвки *Pl.*, -вок | Turnschuhe | белые кроссовки |
| кýртка | Jacke | чёрная куртка |
| мáйка | T-Shirt | жёлтая майка |
| молодёжная мóда | Mode für junge Leute | |
|носкú *Pl.*, -кóв | Socken | |

| | | |
|---|---|---|
| пальто́ *indekl.* | Mantel | зимнее пальто |
| пиджа́к, -а́ | Blazer | |
| пла́тье | Kleid | Джинсовое платье тебе идёт. |
| разме́р | Größe | – Какой размер?<br>– Сороковой. |
| руба́шка | Hemd | белая рубашка |
| сви́тер | Pullover | |
| ту́фли *Pl.*, ту́фель | Schuhe, Halbschuhe | |
| ю́бка | Rock | |
| молодо́й | jung | |
| ко́жаный | ledern, Leder- *(in Zus.)* | |
| све́тлый | hell | |
| тёмный | dunkel | |
| мо́дный | modern | |
| вели́к, -а́, -о́; -и́ | zu (sehr) groß | Этот пиджак велик. |
| дёшев, дешева́, -о; -ы | zu (sehr) billig | Эта куртка дешева. |
| дешёвый | billig | |
| дли́нен, длинна́, -о; -ы́ | zu (sehr) lang | Юбка длинна. |
| дли́нный | lang | |
| до́рог, -а́, -о; -и | zu (sehr) teuer | Эта рубашка очень дорога. |
| дорого́й | teuer | |
| ко́роток, коротка́, ко́ротко; коротки́ | zu (sehr) kurz | Платье коротко. |
| коро́ткий | kurz | |
| мал, -а́, -о́; -ы́ | zu (sehr) klein | Брюки малы. |
| как ра́з | paßt (Größe) | Пальто мне как раз. |
| идёт; иду́т *кому*? | es steht jemandem | Блузка тебе идёт. |

| | | |
|---|---|---|
| носи́ть<br>ношу́<br>но́сишь | tragen | Мы любим носить джинсы. |
| одева́ться | sich anziehen | одеваться красиво |
| подходи́ть *кому?* | passen | Брюки тебе подходят.<br>Этот цвет вам не подходит. |
| приме́рить/примеря́ть | anprobieren | Можно примерить? |
| Приме́рь!<br>Приме́рьте! | Probiere an!<br>Probieren Sie an! | Примерь свитер! |
| нельзя́ *mit uv. Inf.* | man darf nicht; es ist verboten; | Нельзя курить! |
| о́браз* | Art, Weise | образ жизни |
| оказа́ть/ока́зывать влия́ние *на кого? на что?* | Einfluß haben auf | |
| весь, вся, всё; все | ganz, alle | весь класс<br>все ученики |

## Мимоходом

Кинозвездочёт

3

Как говорится, «бог любит тро́ицу»:
Цифра «3» – си́мвол гармо́нии и соверше́нства, покрови́тельствует[1] людям гармони́чным, уда́чливым.
Например, «тройки» – звёзды. Это французская элегантность куми́ра послевое́нного экрана[2] Жера́ра Фили́па. Филип сказал, что «тройка» в его жизни играла большую роль. Женщины «тройки» – красивые, умные, как Джи́на Лоллобриджи́да, интеллигентные, как Мо́ника Ви́тти, практичные, как Изабе́ль Юппе́р.

[1] protegiert [2] Idol des Nachkriegsfilms

Кафе «Айсберг» и дискотека «Титаник»
приглашают молодёжь на танцевальные вечера.
(Объявление в газете «Вечерний Свердловск»)

*

– Вот вам сапоги́[1], которые вы заказывали для вашей новой полярной экспеди́ции, мсье[2]. Наде́юсь, вам понравились те, которые я сделал для вашей про́шлой экспедиции?
– Да, очень. Это были самые вку́сные сапоги, которые я когда-либо ел.

[1] Stiefel [2] Monsieur

## 3

Что вы хотите купить? Что вам мало? Что вам как раз? Найдите слова по вертикали и по горизонтали.

| | | | | | | | | | | |
|---|---|---|---|---|---|---|---|---|---|---|
| М | А | Й | К | А | Р | Н | И | С | К | Д |
| Н | М | П | А | ЛЬ | Т | О | М | С | А | Ж |
| Е | А | К | Р | О | С | С | О | В | К | И |
| Б | Л | У | З | К | А | К | Д | И | Р | Н |
| Ю | Б | Р | Ю | К | И | И | А | Т | А | С |
| Б | И | Т | Б | П | Л | А | ТЬ | Е | З | Ы |
| К | Е | К | О | С | Т | Ю | М | Р | И | Р |
| А | Г | А | Л | Ф | Ы | Т | У | Ф | Л | И |

*

Не тот костюм

Подойдя́ к о́перному театру, муж раздражённо[1] говорит жене:
«И чего[2] я тебя послушал, наде́л[3] этот костюм?»
«Он очень тебе идёт».
«Возмо́жно, но билеты в театр в том костюме ...»

[1] gereizt [2] hier: warum [3] habe angezogen

4

# Человек и природа

## Географические контрасты

**1** Прочитайте и покажите на карте:

север

северо-запад    северо-восток

запад    восток

юго-запад    юго-восток

юг

- **Евро́пу, А́зию;**
- Россию, **Европе́йскую часть** России, **Сре́днюю Азию, Сиби́рь, Да́льний Восто́к;**
- Яку́тию;
- Каспи́йское море, озеро Байка́л;
- Ле́ну, Обь, Енисе́й, Во́лгу;
- Алта́й, Кавка́з.

# 4

**2** Где находятся эти города: Ашхаба́д, Владивосто́к, Каза́нь, Магада́н, Му́рманск, Новосиби́рск, Оде́сса?
Используйте: – в (центре) Европейской части России;
– в Сибири, в Средней Азии, на Дальнем Востоке.

**3** а) Прочитайте таблицу.

Средние температуры

| | весна | лето | осень | зима |
|---|---|---|---|---|
| Европейская часть России | −6° +11° | +17° | +11° −3° | −7° −11° |
| Сибирь | −15° +4° | +13° +17° | +7° −15° | −21° −23° |
| Средняя Азия | +5° +19° | +25° +27° | +20° +4° | ±0° +1° |
| Дальний Восток | −15° +3° | +13° +15° | +8° −18° | −30° −33° |

(очень) холодно

прохла́дно

тепло

жа́рко

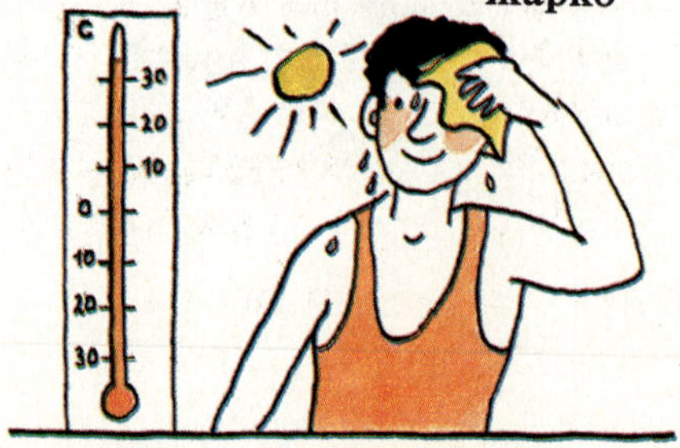

б) Сравните средние температуры.

Ⓜ Весной в Средней Азии уже тепло, а в Сибири ещё холодно.

**4** Посмотрите на карту и скажите, который час в на́званных городах, когда в Москве 15 часов.

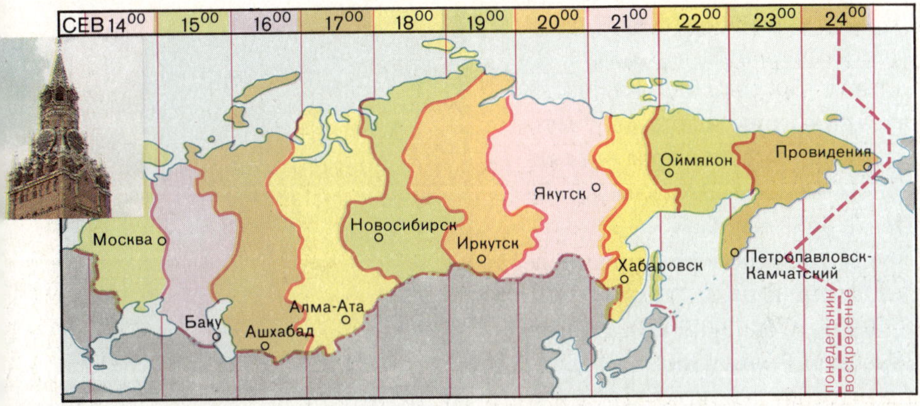


Ⓜ Когда в Москве 15 часов, в Ашхабаде 17 часов.

**5** Прочитайте и переведите.

В **про́шлом** году я хотел поздравить всех братьев и сестёр по телефону с Новым годом.
Я пошёл на почту и ждал там десять часов! Ты думаешь, я ждал, пока соединят[1]? Нет, я хотел поздравить всех точно в двенадцать ночи. …

**6** Переведите географические понятия.
– квадратный километр, **террито́рия;**
– гора, горы – *где?* в горах Кавказа;
– субтропи́ческий кли́мат, субтропический район;
– континента́льный кли́мат, уме́ренный кли́мат;
– поля́рный день, полярная ночь, полярный круг;
– горизо́нт;
– эква́тор, гра́дус широты́, гра́дус долготы́;
– с севера на юг, с запада на восток.

[1] bis man mich verbunden hätte

**7** Прочитайте текст со словарём.

## ГЕОГРАФИЧЕСКИЕ КОНТРАСТЫ

Территория России около 17 **миллио́нов** квадратных километров. Её протяжённость с севера на юг – 4 тысячи квадратных километров, а с запада на восток – 9 тысяч километров.

В России есть и **высо́кие** горы, и большие равни́ны. На Алтае, на Дальнем Востоке, на Камча́тке находятся горы выше 4500 метров. Самая высокая гора – на северном Кавказе. Это Эльбру́с. Её высота 5633 метра.

Страну омыва́ют 12 морей. Самые кру́пные реки страны: Лена (4270 км), Обь (3400 км), Енисе́й (3800 км), Во́лга (3600 км). Байка́л – самое **глубо́кое** озеро мира (1620 м).

Страна поража́ет своими климатическими контрастами. Так, в Сибири есть места, где зимой температура достига́ет 70 градусов мороза. А на юге России, например, на берегу Чёрного моря и в Прикаспи́йской ни́зменности, зимой температура **быва́ет** от трёх градусов тепла́ до восьми градусов мороза.

Жаркое лето, **почти́** как и на юге страны, бывает и в Сибири. Но лето в Сибири не длинное, а короткое. Весной, в марте в южных районах иногда цветут розы, а на сибирском севере, в Яку́тии, ещё застыва́ет ртуть[1] в термо́метре.

[1] Quecksilber

Зимой за Полярным кругом – полярная ночь. Это дни, в которые солнце не показывается из-за горизонта ни на минуту. А летом в этих районах неделями – полярный день: солнце не ухо́дит за горизонт.

Скажите, почему этот текст называется «Географические контрасты».

**8** Переведите и запомните.

Мунку́-Сарды́к (3491 м) очень высокая гора.

Белу́ха на Алта́е более высокая гора (4506 м)

Эльбру́с (5642 м) самая высокая гора России.

***Steigerung der Adjektive: Zusammengesetzte Formen***

| | |
|---|---|
| бо́лее | высокая гора, **чем**… |
| са́мая | высокая гора |

↗ KRS 72, 73, 80

**9** Setzen Sie die in Klammern stehenden Wortgruppen in der richtigen Form ein. (↗ KRS 73, 79)

а) 1. В этом году мы видели высокие горы Кавказа.
А (более высокий) горы мы видели на Памире.
2. На уроке географии мы говорили о длинных реках Европейской части России.
Но о (более длинный) реках Сибири мы ещё не говорили.
3. Мне кажется, Мюггельзе (более глубокий) озеро, чем Ваннзе.
Ты в этом уверен?
4. По-моему, Балти́йское море очень красивое море.
Я в этом не уверен, мне кажется, Се́верное море (более красивый) море, чем Балтийское.

б) (↗ KRS 81)
1. Эльбру́с – (самый высокий) гора на Кавказе.
2. Летом мы пошли в (самый высокий) горы нашей страны.
3. В этом году Андрей отдыхал в (самый красивый) районе нашей страны, **под** Га́грой.
4. Я думаю, что каникулы на море – (самый приятный) вид отдыха.

**10** Переведите и запомните.

1. На Дальнем Востоке зимой холодне́е, чем в Западной Сибири.
2. Волга длинне́е Днепра́.
3. Температура воды Чёрного моря **вы́ше** температуры воды Балтийского моря.
4. Походы по тайге для меня интере́снее, чем походы в горы.
5. Красная площадь в Москве **ста́рше** Арба́та.
6. Сегодня погода хуже, чем вчера.
7. Мы шли другой улицей. Эта улица была короче.

*Steigerung der Adjektive:*
*Einfache Formen*

Волга длинне́е Днепра.
↗ **KRS** 75, 79.2

**11** Запомните.

*Unregelmäßige Komparativformen der Adjektive und Adverbien*

| Adjektiv | Adverb | |
|---|---|---|
| большой | много | **бóльше** |
| высокий | высокó | выше |
| глубокий | глубокó | **глýбже** |
| далёкий | далекó | **дáльше** |
| дешёвый | дёшево | **дешéвле** |
| дорогой | дóрого | **дорóже** |
| короткий | кóротко | **корóче** |
| лёгкий | легкó | **лéгче** |
| маленький | мало | **мéньше** |
| молодой | | **молóже** |
| плохой | плохо | **хýже** |
| ранний | рáно | раньше |
| старый | | старше |
| хороший | хорошó | **лýчше** |

**12** Переведите.

1. Кавказские горы выше, чем Уральские.
2. Москва моложе Киева.
3. Походы по горам были легче, чем мы думали.
4. Идите по этой дороге, она легче другой(, чем другая).
5. Территория **земли́** Саар меньше территории земли Саксóния.

**13** Sagen Sie,
– daß das Territorium Ihres Landes größer (kleiner) als … ist,
– welches der höchste Berg, der größte See, der längste Fluß in Deutschland (in Rußland) ist.

**14** Работайте парами. Составьте диалоги по образцам. финиш
– По-моему, самая высокая гора Альп – это Цуг-Шпитце.
– Нет, в Альпах есть более высокие горы, чем Цуг-Шпитце, например, Грос-Глокнер.

А самая высокая гора Альп – это Монблан. Цуг-Шпитце – это самая высокая гора Германии.

– Я не хотел бы проводить каникулы в Сибири. Лето там короткое и прохладное.

– Может быть, лето в Сибири короче, чем на юге, но тёплое, иногда бывает даже жаркое.

## Край, в котором я живу

С чегó начинáется Рóдина?
С картúнки в твоём букварé,
С хорóших и вéрных товáрищей,
Живýщих в сосéднем дворé.
А мóжет, она начинáется
С той пéсни, что пéла нам мать.
…

М. Матусóвский

**15** Скажите,

как называется ваш родной город (ваша родная деревня),
где он (она) находится,
какой это город (какая это деревня).

Используйте:

… называется…
… **располóжен** на севере (юг, восток, запад),
расположена на **берегý** реки (озеро, Балтийское море),
… находится в районе, (не-)далеко от (районный центр),
… большой (-ая), маленький (-ая), **дрéвний** (-яя),
старый (-ая), новый (-ая), **совремéнный** (-ая),
красивый (-ая) город (деревня).

Ему (ей) … лет.

**16** Bilden Sie sinnvolle Sätze (↗ KRS 117, 232).

гулять *где?*
*по чему?*
жить *где?*
*за, под чем?*
любить *что?*
интересоваться *чем?*
находиться *где?*
расположен (-а)
*– у, напротив чего?*
*– в, на чём?*
*– рядом с чем?*
*– (не-)далеко от чего?*
осмотреть/осматривать *что?*

город, деревня;
дом, квартира,
улица, центр;
берег, река, озеро;
зоопарк, парк, лес, природа ...
маленький, большой,
древний, старый, современный;
хороший, красивый...

Suchen Sie heraus, was für Ihren Ort zutrifft.

| | | | |
|---|---|---|---|
| Kirche | **це́рковь** | Vögel | пти́цы |
| Schloß | за́мок | Gänse | гу́си |
| Brücke | мост; -ы́ | Enten | у́тки |
| Bassin | бассе́йн | Hühner | ку́ры |
| Brunnen | коло́дец | Puten | инде́йки |
| Feld | по́ле; -я́ | Kaninchen | кро́лики |
| Sumpf | боло́то | Schafe | о́вцы |
| Wiese | луг; -а́ | Schweine | сви́ньи |
| Mühle | ме́льница | Kühe | коро́вы |
| Scheune | сара́й | | |

## 4

| | | | |
|---|---|---|---|
| Apotheke | аптéка | Stadtmauer | городскáя стенá |
| Ausstellung | вы́ставка | Universität | университéт |
| Brücke | мост | Gedenkstätte | дом-музéй |
| Dom | собóр | Zoo | зоопáрк |
| (TV-)Turm | (теле-)бáшня | Betrieb | **предприя́тие** |
| Hotel | гости́ница | Hafen | **порт** |
| Krankenhaus | больни́ца | | |
| Museum | музéй | | |

| | | | |
|---|---|---|---|
| Laubwald | ли́ственный лес | Nadelwald | хвóйный лес |
| Buche | бук | Tanne | пи́хта |
| Birke | берёза | Kiefer | соснá; сóсны |
| Eiche | дуб; -ы́ | Fichte | ель |
| Linde | ли́па | | |
| Kastanie | каштáн | | |

Ⓜ **Растýт** берёзы.

| | | | |
|---|---|---|---|
| ловить рыбу: | | Hecht | щу́ка |
| Aal | у́горь; угри́ | Karpfen | карп |
| Barsch | о́кунь | Blei | лещ; лещи́ |

| | | |
|---|---|---|
| Flieder | Maiglöckchen | Vergißmeinnicht |
| сире́нь | ла́ндыш | незабу́дка |

**17** Составьте диалоги по образцам. (↗ Ratschläge ...)

Б – Анна, где ты живёшь?

А – В городе ... Это небольшой город на юге (севере, ...) нашей страны. Он расположен на берегу ...

– А до **администрати́вного це́нтра** от вас далеко?

А – Нет, туда можно доехать на велосипеде или на автобусе.

А – Франк, Йена большой город?

Ф – Да, по-моему, Йена большой город. Там два больших завода и университет. В университете знаменитый поэт Фридрих Шиллер читал лекции по истории. Сегодня университет носит его имя.

А – Какие **достопримеча́тельности** есть в городе Йена?

Ф – В Йене есть музеи, старые и новые здания университета, планетарий … А мне особенно нравится дом-музей биолога Эрнста Геккеля.

А – Рита, тебе нравится твой родной город?

Р – Очень. Я люблю древние города. А … древний город. Он расположен на берегу реки … Недалеко от города …, на горе стоит старая **кре́пость**. С башни крепости особенно хороший вид на Тюрингенский Лес. Природа у нас красивая, есть река, леса и горы.

А – Яна, ты живёшь в деревне. Тебе там нравится?

Я – Очень. Наша деревня большая. У нас есть школа, магазин, ресторан, почта … Но особенно мне нравится природа – лес, луга, поля …

**18** Запомните.

*и-Deklination*

| | |
|---|---|
| площадь *f.* | |
| -и | |
| -и | |
| *wie N.* | |
| -ью | |
| (о) -и | ↗ KRS 49, 52 |

Beachte: це́рковь; Plural: це́ркви, церкве́й, церква́м,

**19** Übersetzen und lesen Sie. Bestimmen Sie Genus, Kasus und Numerus von *площадь.*

В нашем городе есть центральная площадь и много маленьких площадей. Я люблю гулять по нашим красивым площадям.
На центральной площади всегда много людей. Там находятся ратуша, церковь и много магазинов. Недалеко от площади – гостиница.
Иностранные гости особенно интересуются центральной площадью. Они часто гуляют по этой площади и фотографируют её. Кто хочет, тот покупает в киоске открытки с видами площадей нашего города.

**20** Вставьте правильные окончания.

– Я интересуюсь стар… крепост… *(Pl.).* Скажите, пожалуйста, как дойти до стар… крепост…?
– Она находится в стар… част… города, недалеко от центральн… площад… Идите до площад…, и рядом с площад… вы увидите нашу знаменит… крепост…
– А что можно осмотреть в крепост…? – В крепост… есть выставка фотографий древн… церкв… *(Pl.)* нашего района.

In welchem Land wohnen Sie?

Земли и административные центры

| | |
|---|---|
| Берлин | |
| Бремен | |
| Гамбург | |
| Шле́звиг-Го́льштейн | Киль |
| Ни́жняя Саксо́ния | Ганновер |
| Ме́кленбург-Предпомера́ния | Шверин |
| Бранденбург | Потсдам |
| Саксо́ния | Дрезден |
| Саксо́ния-А́нгальт | Ма́гдебург |
| Се́верный Рейн-Вестфа́лия | Дю́ссельдорф |
| Гессен | Висбаден |
| Тюри́нгия | Эрфурт |
| Ре́йнланд-Пфальц | Майнц |
| Саарская о́бласть | Саарбрю́ккен |
| Ба́ден-Вю́ртемберг | Штутгарт |
| Бава́рия | Мю́нхен |

# 4

Welcher Wirtschaftszweig ist in Ihrem Land besonders entwickelt?

| | |
|---|---|
| Bauwesen | строи́тельство |
| Schwerindustrie | тяжёлая **промы́шленность** |
| Metallurgische Industrie | металлурги́ческая промы́шленность |
| Maschinenbau | машинострое́ние |
| Fahrzeugbau | тра́нспортное машинострое́ние |
| Schiffbau | судострое́ние |
| Leichtindustrie | лёгкая промы́шленность |
| Textilindustrie | тексти́льная промы́шленность |
| Konsumgüterproduktion | произво́дство това́ров наро́дного потребле́ния |
| Elektronik | электро́нная промы́шленность |
| Wissenschaftlicher Gerätebau | нау́чное приборострое́ние |
| Chemische Industrie | хими́ческая промы́шленность |
| Fischverarbeitende Industrie | ры́бная промы́шленность |
| Landwirtschaft | се́льское хозя́йство |
| Viehzucht | животново́дство |
| Ackerbau | полево́дство |
| Gemüseanbau | овощево́дство |
| Weinanbau | виногра́дарство |

Ⓜ В земле, где я живу,
- **ра́звито** машиностроение.
- развита́ лёгкая промышленность.
- ра́звиты полеводство и овощеводство.

**21** Переведите. Прочитайте вслух.

Какой это город?
Он находится на юго-востоке страны. В нём развита электронная и электротехническая промышленность, машиностроение, научное приборостроение. В этом крае также развито сельское хозяйство, например, виноградарство на берегах реки Эльбы.
В городе много достопримечательностей, в нём находятся Технический университет и несколько институтов.
А какая там природа! Река, красивые горы, леса. Здесь любят бывать не только **жи́тели** этого края, но и жители других городов.

**22** Übertragen Sie sinngemäß ins Russische.

Mein Heimatort liegt im Süden des Landes. In seiner Nähe gibt es nicht nur Wald und Berge, sondern auch Flüsse und kleine Seen. Deshalb suchen auch viele Einwohner anderer Länder hier Erholung. Im alten Teil unserer Stadt gibt es viele Sehenswürdigkeiten: interessante Kirchen, ein schönes Rathaus und viele altehrwürdige Gebäude. Früher gab es in unserem Gebiet wenig Industrie. Jetzt ist unser Gebiet ein Zentrum der Schwerindustrie. Besonders entwickelt ist die Maschinenbauindustrie.

**23** Stellen Sie Ihren Heimatort vor. финиш

(Lage, Entfernung zur Kreisstadt, Landeshauptstadt, Alter, kulturelle Einrichtungen)

Sagen Sie, ob Ihnen Ihr Heimatort gefällt und ob Sie gern dort leben. Begründen Sie Ihre Meinung. Nutzen Sie dabei unter anderem folgendes Sprachmaterial:

Мне (не/особенно, очень, больше) нравится жить в …
Я (не) люблю жить в …
Я хотел(-а) бы жить в …
По-моему, хорошо (плохо) жить в …

## Окружающая среда и её охрана

**24** Запомните.

*Passiv unvollendeter Verben*

В городе проводятся выставки.
… werden durchgeführt …
↗ KRS 198, 199

**25** Переведите.

В нашем городе **стро́ится** новый завод.
На заводе будет **производи́ться** мебель.
Эта мебель будет продаваться не только у нас, но и в других городах.
Осенью и весной проводятся выставки.
На этих выставках будет показываться и мебель завода нашего города.

## 4

О ПРИРОДЕ

Природа не храм[1], а мастерска́я, и человек в ней работник.

И. С. Турге́нев

Природа не старе́ет[2], вместо увя́дших произведений[3] она рожда́ет новые.

Н. Г. Черныше́вский

Природа – ве́чный образе́ц искусства, а велича́йший[4] предмет в природе – человек.

В. Г. Бели́нский

**26** Erschließen Sie die Lexik.

Lesen Sie folgende Wörter laut und versuchen Sie, vom Klangbild her die deutsche Bedeutung zu erschließen:
Пари́жский Лувр, еги́петский сфинкс, регион;
Шекспи́р, Гёте, Бетхо́вен, Моцарт;
смог, атмосфера, про́филь, линия, микропроцессорная техника, комбинат.

Erschließen Sie die Bedeutung durch den Verweis auf Ihnen bekannte Lexik:
произво́дство га́за – производить газ
повыша́ть производство – высокий, выше
руково́дство завода – руководить заводом

Wenden Sie Ihre Kenntnisse aus dem Chemieunterricht und dem Umweltschutz an:
газ, синтети́ческий аммиа́к, капролакта́м, метано́л, карбами́д, се́рная кислота́; кисло́тный дождь.

Beachten Sie die deutsche Wiedergabe unbestimmt-persönlicher Sätze (subjektlose Sätze, Verb in der 3. Person Plural des Präsens, Futur oder in der Pluralform des Präteritums).

Построили небольшой завод ...
Man baute´ein kleines Werk ...
Потом начали здесь ...
Dann begann man hier ...

[1] церковь [2] altert [3] hier: des Verwelkenden [4] größte

**27** Прочитайте текст и ответьте на вопросы.

Was ist Ihnen über die kulturhistorische Bedeutung von Jasnaja Poljana bereits bekannt?
Wie hat sich im Gebiet Tula die Industrialisierung vollzogen?
Welche Produkte belasteten die Umwelt?
Nennen Sie die Auswirkungen des Beschlusses der Regierung der UdSSR von 1988.

## ЕСЛИ ПРИРОДА ПРОСИТ ПОЩАДЫ

Экологи́ческая угро́за[1] памятникам сегодня существу́ет во всём мире: от Пари́жского Лувра до еги́петских сфинксов. Смог и кислотные дожди разруша́ют[2] архитектурные памятники.

Химическое производство пришло́[3] в Ту́льскую о́бласть в концé 40-х годов. Построили небольшой завод по перерабо́тке[4] бу́рого у́гля в газ. Потом начали здесь же перерабатывать этот газ. Маленький завод стал большим химическим комбинатом, где производят синтети́ческий аммиак, капролактам, метанол.

Из года в год производство повыша́лось и наноси́ло огромный вред[5] окружающей среде.

Загрязне́ния окружающей среды угрожа́ли и толсто́вской уса́дьбе.

Правительство должно было принять реше́ние[6] об охране окружающей среды и памятников истории и культуры. В 1988 году на Щёкинском химкомбинате (Щёкино – под Тулой, недалеко от Ясной Поляны) должны были закрыть[7] линии по производству аммиака, серной кислоты, карбамида.

И хотя предприя́тие понесло́ убы́тки[8], линии были закрыты. В результате этого решения о́бщий вредный вы́брос в атмосферу сни́зился в 5 раз.[9]

Руководство и коллектив рабочих решают вопрос о новом про́филе комбината: будут производиться прибо́ры для химической промышленности, микропроцессорная техника.

Мы все живём на Земле. И наш долг – быть заботливыми, экономными хозяевами богатств нашей прекрасной планеты.

[1] die ökologische Gefährdung [2] zerstören [3] hier: wurde angesiedelt [4] Verarbeitung [5] fügte einen gewaltigen Schaden zu [6] Beschluß [7] mußten geschlossen werden [8] erlitt Verluste [9] wurde auf ein Fünftel reduziert

**28** Выучите песню.

АНГАРА́

Слова Э. Иодко́вского

Музыка В. Мураде́ли

Ве́ет све́жестью ночь сиби́рская,
собрали́сь друзья́ у костра́.
Ты наве́ки нам
ста́ла бли́зкою,
велича́вая Ангара́.

Дом роди́мый свой у Москвы́-реки́
мы оста́вили навсегда́,
что́бы здесь, в тайге́
вста́ли фа́брики,
вста́ли но́вые города́.

Всё мне до́рого в но́вом го́роде,
где уви́дел взгляд ми́лых глаз ...
Возмужа́ла здесь
наша мо́лодость,
здесь любо́вь у нас родила́сь.

**29** Выучите новые слова.

| | | |
|---|---|---|
| А́зия | Asien | |
| Евро́па | Europa | |
| Да́льний Восто́к | Ferner Osten | *где?* на Дальнем Востоке |
| Европе́йская часть | Europäischer Teil | в Европейской части |
| Сиби́рь, -и *f.* | Sibirien | ехать в Сибирь |
| Сре́дняя А́зия | Mittelasien | ехать в Среднюю Азию |
| земля́ (федера́льная ~) | Land | земля Саксония |
| миллио́н | Million | два миллиона |
| террито́рия | Territorium | *где?* на территории |
| часть, -и *f.* | Teil | |
| высо́кий | hoch | высокая гора |
| глубо́кий | tief | глубокое озеро |
| быва́ть | vorkommen; zu sein pflegen | Температура иногда бывает −70°. В клубе часто бывают танцы. |

| | | |
|---|---|---|
| бо́лее *(unver.)* | *mit Adjektiv zur Bildung des Komparativs* | более высокая гора |
| са́мый | *mit Adjektiv zur Bildung des Superlativs* | самая высокая гора |
| про́шлый | vergangen | в прошлом году |
| бо́льше | größer; mehr | |
| вы́ше | höher | |
| глу́бже | tiefer | |
| да́льше | weiter | |
| деше́вле | billiger | |
| доро́же | teurer | |
| коро́че | kürzer | |
| ле́гче | leichter | |
| лу́чше | besser | |
| ме́ньше | kleiner; weniger | |
| моло́же | jünger | моложе на двадцать лет |
| ста́рше | älter | старше на пять лет |
| ху́же | schlechter | |
| жа́рко | heiß | |
| прохла́дно | kühl | |
| почти́ | fast | |
| чем | als *(beim Vergleich)* | лучше, чем он |
| под + *I. (где?)* | unter; in der Nähe, bei | под Москвой |

| | | |
|---|---|---|
| администрати́вный центр | Landeshauptstadt | |
| бе́рег; берега́ | Ufer | *где?* на берегу́ |
| достопримеча́тельность *f.* | Sehenswürdigkeit | много достопримечательностей |
| жи́тель; *G.Pl.* -ей | Einwohner | |
| кре́пость *f.* | Festung | *где?* в древней крепости |
| порт; по́рты | Hafen | *где?* в порту́ |
| предприя́тие | Unternehmen, Betrieb | *где?* на предприятии |
| промы́шленность *f.* | Industrie | |

| | | |
|---|---|---|
| це́рковь *f.* | Kirche | ходить в церковь |
| дре́вний | alt, altertümlich | древняя крепость |
| совреме́нный | modern | |
| расти́<br>растёт<br>расту́т | wachsen | Растут берёзы. |
| ра́звит, -а́, -о; -ы | entwickelt *(Part.)* | промышленность высоко́ ра́звита |
| располо́жен, -а, -о; -ы | gelegen *(Part.)* | город расположен … |
| за + *I. (где?)* | hinter; außerhalb | за городом |

| | | |
|---|---|---|
| окружа́ющая среда́* | Umwelt | |
| охра́на окружа́ющей среды́* | Umweltschutz | |
| производи́ть | herstellen, erzeugen, produzieren | |
| по-/стро́ить | bauen | |

## Мимоходом

Кинозвездочёт

2

Рождённым под этой цифрой прису́ща[1] двойственность, противоречи́вость.

Суперагент и бедный писатель, капризный киноидол и невезу́чий[2] каскадёр – вот роли Жа́на-По́ля Бельмо́ндо.

Под внешне невозмути́мой[3] маской такого «дво́ечника» часто кро́ется идеалист, романтик, как например, Пьер Брис – он же Ви́ннету, вождь апа́чей.

Добрый совет в ли́чной жизни: если у вашего партнёра неужи́вчивый[4] характер, берите пример с Ри́чарда Ба́ртона, укроти́вшего стропти́вую[5] Эли́забет Тэ́йлор (№ 8), и с Орне́ллы Му́ти, поступи́вшей аналогичным образом с Адриа́но Челента́но (№ 1).

[1] ist bezeichnend [2] vom Pech verfolgt [3] unerschütterlich [4] unverträglich [5] der die widerspenstige … gezähmt hat

5

# Счастливого пути!

## Мы путешествуем по железной дороге

**1** Прочитайте по ролям.

А – Уже **по́здно. Пора́** идти домой.
Ты завтра придёшь к нам?

Б – Спасибо за **приглаше́ние.** Приду.

А – До завтра!

Б – **Пока́.**

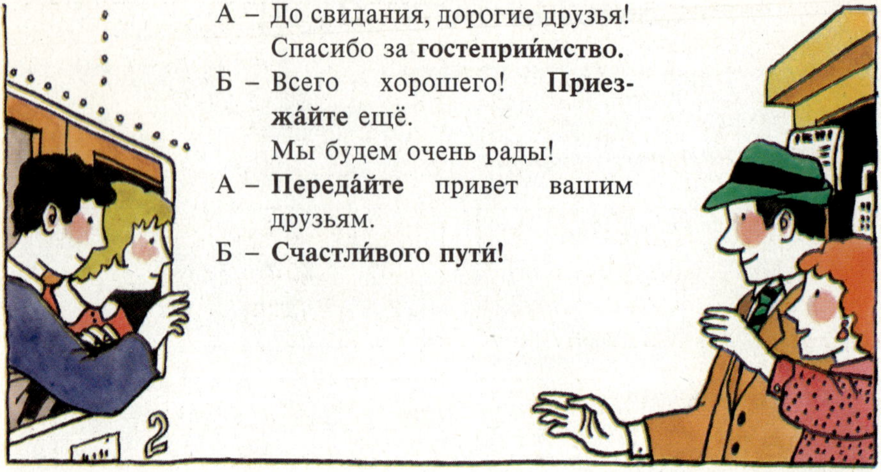

А – До свидания, дорогие друзья! Спасибо за **гостеприи́мство.**

Б – Всего хорошего! **Приезжа́йте** ещё. Мы будем очень рады!

А – **Переда́йте** привет вашим друзьям.

Б – **Счастли́вого пути́!**

**2** *So kann man sich von jemandem verabschieden.*

| | |
|---|---|
| Уже поздно. Пора идти (ехать) домой. | Спасибо за приглашение (гостеприимство, приятный вечер). |
| До свидания! | Передайте привет нашим друзьям. |
| До завтра (вечера, понедельника, ...)! | Приходите к нам. |
| До **(ско́рой)** встречи! | Приезжайте ещё. |
| Всего хорошего (доброго)! | Звоните. |
| Счастливого пути! | Пишите. |
| Пока! *(umgangssprachlich, unter Freunden)* | |

**3** Составьте диалоги. Используйте упр. 2.

Попроща́йтесь
- со знакомыми, у которых вы были в гостях в России;
- со знакомыми, которые были у вас в гостях;
- с другом (подругой), которого (которую) вы скоро увидите.

**4** Переведите надписи и указатели на вокзалах.

| | |
|---|---|
| К поездам дальнего следования | Билетные кассы |

| | |
|---|---|
| На Санкт-Петербург<br>Отправление: 21.45<br>Платформа 1 | Продажа билетов<br>на поезда дальнего следования<br>на пригородные поезда |
| Зал ожида́ния | Камера хранения<br>Приём багажа<br>Выдача багажа |
| Выход в город | Буфет |

Расписание (движения) поездов

| Место назначения | Номер поезда | Дни отправления | Время отправления |
|---|---|---|---|
| Брест | 125 | ежедневно | 12.38 |
| Варшава | 9 | ежедневно | 16.38 |
| Берлин | 13 | ежедневно | 18.30 |
| Париж | 12 | понедельник<br>среда<br>четверг | 7.05 |

**5** Составьте диалоги на тему «На вокзале», используя упр. 4.
– Вы **ждёте** вашего **по́езда** на вокзале.
– Вы хотите позавтракать.
– Вы хотите **сдать бага́ж** в **ка́меру хране́ния.**
– Вы хотите погулять по городу.
– Вы не знаете, когда **отхо́дит** ваш поезд.

**6** Скажите, когда из Москвы **отправля́ются** поезда и когда они **прибыва́ют** в … Используйте **расписа́ние движе́ния поездо́в.**

Ⓜ Поезд № 15 на Брест отправляется в 20 часов 17 минут.
В Брест он прибывает в 8 часов 45 минут.

**7** Вы хотите поехать в ...
Составьте диалоги у билетной кассы по образцам.

А – Пожалуйста, один **биле́т** до Санкт-Петербурга, поезд № 7.
Б – На какое число?
А – На пятое апреля.
Б – В какой **ваго́н**?
А – В **жёсткий**.
Б – В жёсткий билетов нет.
А – **Тогда́** дайте в **мя́гкий**.
Б – Вот вам билет в пятый вагон, третье **купе́**, двадцатое место.

А – Скажите, пожалуйста, вечером до Минска идёт **ско́рый** или **пассажи́рский** поезд?
Б – Скорый с **плацка́ртными** и **спа́льными** вагонами.
А – А в поезде есть **ваго́н-рестора́н**?
Б – Нет, это поезд без вагона-ресторана.
А – А когда он отходит?
Б – В 18 часов 13 минут, а прибывает в Минск в 6 часов 2 минуты.

**8** Verlangen Sie russisch
- eine Fahrkarte für den Personenzug nach ...,
- eine Fahrkarte für den Schnellzug Nr. 4 nach Wladimir, Platzkartenwagen,
- eine Fahrkarte 1. Klasse für den Zug nach St. Petersburg für den 15. Juli,
- Fahrkarten nach Berlin, Schlafwagen, für den 12. August.

Fragen Sie,
- was eine Fahrkarte nach ... 2. Klasse kostet,
- wann der Zug nach ... abfährt und wann er ankommt,
- ob der Zug einen Speisewagen hat.

**9** Führen Sie Gespräche (↗ Ratschläge ...).

Stellen Sie sich vor, bei einer Reise durch Rußland müssen Sie umsteigen und haben mehrere Stunden Aufenthalt. Nutzen Sie dabei Übung 4.

# Летать Аэрофлотом удобно

**10** Запомните.

*Verben der Fortbewegung*

bestimmt ⟶ ▌

unbestimmt ⇄

Präteritum ⇄ ▌

| | | |
|---|---|---|
| идти[1] | gehen | ходить |
| я иду | | я хожу |
| ты идёшь | | ты ходишь |
| ехать | fahren | **éздить** |
| я еду | | я éзжу |
| ты едешь | | ты éздишь |
| **летéть** | fliegen | **летáть** |
| я лечý | | я летáю |
| ты лети́шь | | ты летáешь ↗ KRS 156–160 |

**11** Переведите.

**Самолёт** летит в Москву.

– Где был твой папа?
– Он летал в Иркутск.

**12** Übersetzen Sie. Begründen Sie den Gebrauch der Verben der Fortbewegung.

А – Летом мы с родителями ездили в Сибирь на озеро Байкал. Туда мы ехали на поезде, а домой мы летели на самолёте.

Б – А мы ездили на машине в Сочи. Мы жили в кемпинге на берегу Чёрного моря, каждый день плавали. По четвергам мы ходили в город, покупали продукты. Иногда мы ездили на машине в горы Кавказа. Осматривали красивую природу и горные (*ср.* гора) деревни. Вечером мы ходили в кино или на дискотеку.

А – Мы тоже много плавали. Иногда ходили в лес, собирали грибы. Раз мы ездили на автобусе в Иркутск.

Б – На пути домой мы на два дня **останови́лись** на даче у нашего дяди. Там нам очень понравилось.

**13** Дополните.

На улице
А – Куда ты сейчас …?
Б – Я … в плавательный бассейн. Я люблю …
А – Ты часто … в бассейн?

Б – Да, часто. На прошлой неделе я … в бассейн каждый день. А ты куда?

А – Я … в магазин.

На вокзале

А – Привет, Саша. Куда ты …?

Б – Я … в Омск. Сестра там живёт.

А – Ты часто … в Омск?

Б – Я … раз в год.

В **аэропорту́**

А – Вы куда …?

Б – Я … в Москву.

А – Жаль, а я в Киев. Знаете, я сегодня первый раз … А вы?

Б – Я часто … Только на прошлой неделе я … в Новосибирск.

**14** Sagen Sie, daß

– Sie im Sommer nach … gefahren (geflogen) sind;
– Sie im vorigen Jahr in … waren;
– Sie oft durch den Park gehen;
– Sie jetzt durch den Park zum Museum gehen;
– Ihre kleine Schwester schon laufen kann;
– Ihr Freund häufig nach … fliegt;
– Sie morgen nach … fliegen (fahren) werden.

*

Театралы

– Ты опять *идёшь* в театр? Ведь ты уже *ходила* на эту комедию.
– Да, но я *ходила* не в этом платье.

*

**15** Переведите этот разговор.

В **спра́вочном бюро́** Аэрофлота

А – Скажите, пожалуйста, когда самолёты **вылета́ют** в Берлин?

Б – Из Москвы в Берлин самолёты летают каждый день. Вы можете лететь сегодня вечером **ре́йсом** 103.

А – А когда вылетает этот самолёт?

Б – Самолёт, рейс 103, из Москвы в Берлин вылетает в 19 часов 20 минут, а **прилета́ет** в Берлин в 19 часов 25 минут.

Прочитайте ещё раз последнее предложение.

Как вы думаете, самолёт из Москвы в Берлин летит только 5 минут?

**16** Скажите, когда вылетают (прилетают) самолёты из … (в …).

## РАСПИСАНИЕ
движения пассажирских самолётов из Москвы

| Рейс | Аэропорт назначения | Дни отправления из Москвы | Время отправления из Москвы | Время прибытия в аэропорт назначения | Аэропорт отправления | Тип самолёта |
|---|---|---|---|---|---|---|
| 507 | Алма-Ата | ежд. | 1.45 | 7.30 | ДМД | ТУ-154 |
| 11 | Владивосток | ежд. | 3.55 | 12.30 | ДМД | ИЛ-62 |
| 9 | Владивосток | ежд. | 11.00 | 19.35 | ДМД | ИЛ-62 |
| 977 | Сухуми | ежд. | 8.50 | 11.25 | ВНК | ИЛ-62 |
| 1687 | Одесса | ежд. | 11.15 | 13.10 | ВНК | ТУ-154 |
| Ф137 | Киев | ежд. | 9.00 | 11.25 | БкВ | АН-24 |
| 2443 | Санкт-Петербург | ежд. | 7.25 | 8.50 | ШРМ | ИЛ-18 |

**17** Напишите об одном из ваших **путеше́ствий**.
– Куда вы ездили (летали)?
– На каком поезде (самолёте) вы ездили (летали)?
– Когда он отправился (вылетел) из …?
– Сколько часов вы ехали (летели) от родного города до …?

**18** Переведите со словарём надписи в аэропорту Шереметьево-2.

| | |
|---|---|
| Регистрация билетов и багажа, рейс 103 в Берлин | Выход на посадку |
| Прибытие | Выдача багажа |

**19** Прочитайте диалоги по ролям.

В справочном бюро в аэропорту Шереметьево-2
А – Скажите, пожалуйста, когда вылетает самолёт в Берлин?
Б – Вы можете лететь только завтра. Берлин не принимает из-за (wegen) плохой погоды.

А – А где я могу **переночева́ть**?
Б – В гостинице Аэрофлота.
А – Где можно **обменя́ть валю́ту**?
Б – **Бюро́ обме́на** находится рядом.

**20** Sie wollen ins Ausland fahren. Gestalten Sie dazu Gespräche. (↗ Ratschläge ...)

## Молодёжное бюро путешествий предлагает

**21** Прочитайте текст со словарём.

МОЛОДЁЖЬ И ТУРИЗМ

**Е́сли** вы молоды и если вы хотите участвовать в групповой поездке по России, обратитесь в Бюро международного молодёжного туризма.

Это бюро познакомит вас с русскими городами, с историей страны. Оно предложит вам провести отпуск в одном из туристских центров, которые находятся в живописных местах страны, организует краткие курсы русского языка и встречи с молодыми людьми.

Welche Leistungen bietet das Jugendtouristbüro seinen Kunden?

**22** Сравните и переведите предложения.

| | | |
|---|---|---|
| *Город* Ялта, | *который находится* на берегу Чёрного моря, | |
| | *находя́щийся* на берегу Чёрного моря, | стал курортом ещё в прошлом веке (Jahrhundert). |

| | | |
|---|---|---|
| *Туристы,* | *которые читают и говорят* по-русски, *чита́ющие* и *говоря́щие* по-русски, | больше знают о стране. |
| *Туристы,* | *которые приехали* в Крым, *прие́хавшие* в Крым, | любу́ются прекрасным южным краем. |
| *Лев Толстой,* | *который участвовал* в Крымской войне, *уча́ствовавший* в Крымской войне, | написал о ней в «Севасто́польских рассказах». |

**23** Запомните.

*Partizipien*

↓

| | | |
|---|---|---|
| *Präsens Aktiv* | sind Attribute zum Substantiv, daher nach Genus, Numerus, Kasus veränderlich; bezeichnen: | *Präteritum Aktiv* |
| die gleichzeitig mit der Haupthandlung verläuft. | ⟵ Nebenhandlung, ⟶ | die der Haupthandlung zeitlich vorangegangen ist. |
| -ущ-, -ющ-,<br>-ащ-, -ящ-<br>↗ KRS 209 | ⟵ Suffixe ⟶ | -вш-,<br>-ш-<br>↗ KRS 211 |

**24** Переведите.

1. Нина, получи́вшая моё письмо, сразу позвонила мне.
2. Мы смотрим на самолёт, летя́щий на север.
3. Мои друзья живут в маленьком доме, стоя́щем на берегу реки.
4. Дети, игра́вшие во дворе, очень шуме́ли (hier: waren sehr laut).

5. Делегаты, прибы́вшие на конференцию, переночуют в гостинице «Метрополь».
6. Они слушают лекцию архитектора, постро́ившего современный город на Дальнем Востоке.
7. Старое и новое в современном городе – это одна из проблем, стоя́щих перед архитекторами.
8. Этот вопрос он обсуждает со студентами, интересу́ющимися современной архитектурой.

**25** Запомните.

| | | |
|---|---|---|
| *е́сли* | wenn,<br>falls | (Bedingung) |

Переведите.

Если вы интересуетесь историческими достопримечательностями, тогда осмотрите Московский Кремль.

Если вы хотите отдыхать на тёплом южном море, тогда приезжайте в Крым.

Если вы пойдёте на запад, вы увидите красивый замок.

**26** Lesen Sie nachstehende Wörter laut und versuchen Sie, vom Klangbild her und mit Hilfe von Sachkenntnissen die deutsche Bedeutung zu erschließen:

англи́йский – А́нглия, Великобрита́ния;
Крым – кры́мский;
стиль – в англи́йском сти́ле, в маврита́нском сти́ле;
па́льма; субтропи́ческий (климат);
Я́лтинская конференция – конференция в Ялте;
росси́йский мона́рх

Erschließen Sie die folgenden Wörter mit Hilfe bekannter Wörter und aus dem Sinnzusammenhang.

Ю́жное море – юг, море на юге, южный берег – берег на юге;
ожида́ть – ждать. Город Ялта ожидает гостей.
со́лнечный (берег) – Солнце светит на берегу.
проходи́ть – состояться. В 1945 году проходила Ялтинская конференция. В 1945 году состоялась Ялтинская конференция.
Соба́чка – это маленькая собака.

**27** Прочитайте текст со словарём.
Скажите потом, хотели бы вы провести каникулы в Крыму́?

ДОБРО ПОЖАЛОВАТЬ, ДОРОГИЕ ДРУЗЬЯ!

Вы мечта́ете[1] о тёплом южном море, о со́лнечных пляжах, пальмах, красивых цветах, высоких горах? Вас интересуют исторические достопримечательности?

Если да, тогда приезжайте на южный берег Кры́ма! Вас ожидает прекрасный город Я́лта.

На фо́не[2] живопи́сных кры́мских гор и субтропи́ческой расти́тельности[3] выделя́ются[4] белые гостиницы и санатории.

Туристы, приехавшие в Ялту, интересуются прошлым этого края:

[1] träumen [2] Hintergrund [3] Pflanzenwelt [4] sich abheben

10–15 минут на автобусе – и вы в Лива́дии, у дворца, принадлежа́вшего российским монархам. В 1945 году здесь проходила Я́лтинская конференция глав правительств[1] Советского Союза, США и Великобритании.

Если вы поедете дальше на запад, вы увидите красивый за́мок, стоящий на высокой скале́[2]. Это «Ла́сточкино гнездо́», ставшее эмблемой южного берега Крыма.

А в курортном городе Алу́пке вы можете осмотреть бывший дворец графа Воронцо́ва. Этот дворец был постро́ен[3] в английском и мавританском стилях. Если вы поедете на восток, в Гурзу́ф, вы увидите дачу, где долго жил великий писатель Анто́н Че́хов. Здесь он написал пьесы «Три сестры́», «Вишнёвый сад».

## **28** ИЗ ИСТОРИИ ТРАНССИБИРСКОЙ ЖЕЛЕЗНОЙ ДОРОГИ

Прочитайте текст со словарём.

Великая транссиби́рская железная дорога – гигантское сооруже́ние. Её длина́ составляет 7400 км. А построена она почти сто лет тому наза́д[4] в самых тру́дных[5] усло́виях: в мире ве́чной мерзлоты́[6] – в тайге́; на болотах, среди скал; в изнури́тельной жаре́[7] – в пусты́не.

Идея созда́ния железной дороги, которая связывала бы[8] Россию с Тихим океаном, появилась уже в 50-е годы XIX века. Такой связи тре́бовали фабриканты, купцы́, инженеры и политики.

В Сибири, занимающей огромную территорию, жило мало людей. Коренны́е сибиряки́ были люди разных национальностей: тунгу́сы, яку́ты, буря́ты.

Приро́дные бога́тства – драгоце́нные металлы, серебро́, зо́лото, желе́зные и ме́дные ру́ды, а также меха́ – привлека́ли[9] русских.

В Сибирь пришли крестьяне, охотники, реме́сленники, шахтёры,

[1] Regierungschefs [2] Felsen [3] wurde gebaut [4] vor fast 100 Jahren [5] schwierigste [6] Dauerfrostboden [7] bei drückender Hitze [8] verbinden würde [9] zogen an

купцы и фабриканты. Они построили деревни и города, ста́ли[1] торгова́ть с другими странами.

Итак, прямая связь по ре́льсовому пути́[2] оказалась необходи́мой. Появилось много проектов железных и ко́нножеле́зных доро́г[3]. Их вы́двинули русские и иностранные компа́нии, среди них английские и американские. Проект американской компании подде́рживал губернатор Восточной Сибири. Но правительство отклони́ло этот проект: он не указывал точного направления пути и строительство стоило бы сли́шком до́рого[4].

В 1891 году началось строительство Великого Сибирского ре́льсового пути. План разработал министр финансов граф С. Ю. Витте. Он предложил создавать магистраль по частям.

- 1. Омская железная дорога – от Челя́бинска через Омск до Новосиби́рска (1425 км) – открыта в 1895 году;
- 2. То́мская железная дорога – от реки Обь до Ирку́тска (1850 км) – открылась в 1898 году;
- 3. Трансбайкальская железная дорога – от Ирку́тска до Читы́ (2155 км) – строилась с 1900 до 1904 года;
- 4. Амурская железная дорога – от Читы́ до Хаба́ровска (1218 км) – строилась с 1915 до 1917 года;
- 5. Уссури́йская железная дорога – от Хаба́ровска до Владивосто́ка (769 км) – строилась с 1891 до 1894 года.

Был образо́ван комитет, в который вошли первые ли́ца[5] государства. Во главе́ этого комитета стоял царь Николай II.

На строительстве трассы работали 84–89 тысяч человек, среди них 15 700 иностранных рабочих: фи́нны, не́мцы, италья́нцы; кита́йцы, коре́йцы, япо́нцы – на Уссури́йском и Забайкальском участках.

Линию от Тюме́ни до Владивосто́ка построили за 15 лет. В первые же годы после открытия движения поездов по Сибирской железной дороге на восток переселя́лось каждый год по 147 тысяч крестьян.

Железная дорога ускорила кругооборо́т[6] капитала, что спосо́бствовало развитию производительных сил этого края. Стала быстро развиваться промышленность. По Великой Сибирской железной дороге в первые годы шли три пары поездов в день: два това́рных (ско́рость 12 вёрст[7] в час) и один товарно-пассажирский (20 вёрст в час). А в 1910 году прошёл сибирский экспресс от Москвы до Владивостока за 224 часа (приме́рно за 9 с половиной дней). Сегодня экспресс проходит от Москвы до Владивостока за 154 часа 44 минуты (примерно за 6 с половиной дней) со средней ско́ростью 60,36 км в час.

[1] begannen [2] Schienenweg [3] Pferdeeisenbahn [4] würde zu teuer werden [5] hier: führende Persönlichkeiten [6] Umlauf [7] одна верста = 1,06 км

# 5

**29** Выучите новые слова.

| | | |
|---|---|---|
| бага́ж, -а́ | Gepäck | |
| биле́т | Fahrkarte; Eintrittskarte | билет на поезд<br>билет в кино |
| **буфе́т** | Ausschank, Imbißstube | |
| ваго́н | Wagen | |
| жёсткий ваго́н | Wagen 2. Klasse | |
| мя́гкий ваго́н | Wagen 1. Klasse | |
| плацка́ртный ваго́н | Platzkartenwagen | |
| спа́льный ваго́н | Schlafwagen | |
| ваго́н-рестора́н | Speisewagen | обедать в вагоне-ресторане |
| гостеприи́мство | Gastfreundschaft | Спасибо за гостеприимство! |
| желе́зная доро́га* | Eisenbahn | |
| **зал ожида́ния** | Wartesaal | вход в зал ожидания |
| ка́мера хране́ния | Gepäckaufbewahrung | сдать багаж в камеру хранения |
| купе́ [пэ́] *indekl.* | Abteil | |
| по́езд; -а́ | Zug | |
| пассажи́рский по́езд | Personenzug | |
| ско́рый по́езд | Schnellzug | |
| приглаше́ние | Einladung | |
| расписа́ние (движе́ния) поездо́в | Fahrplan | |
| ско́рый | schnell | |
| ждать *кого? чего?* (↗ KRS 222) | warten, erwarten | Жди меня! |
| отойти́/отходи́ть (↗ KRS 222) | abfahren | Поезд отходит от станции. |
| отпра́виться/отправля́ться | abfahren | Поезд отправляется в 3 часа. |
| переда́ть/передава́ть (↗ KRS 222) | übergeben | Передай(-те) маме привет. |

| | | |
|---|---|---|
| прибыва́ть *куда*? | ankommen | прибывать в Геру |
| Приезжа́йте! | Kommen Sie! *(fahrend)* | |
| путеше́ствовать | reisen | путешествовать по стране |
| сдать *v.* (↗ KRS 222) | abgeben | |
| по́здно | spät | |
| Пока́! | Bis bald! *(Umgangssprache)* | |
| пора́ | es ist Zeit | |
| тогда́ | dann; damals | |
| Счастли́вого пути́! | Glückliche Reise! | |

| | | |
|---|---|---|
| аэропо́рт, *P.* -у́ | Flughafen | в аэропорту |
| Аэрофло́т | *russ. Fluggesellschaft* | |
| бюро́ обме́на | Wechselstelle | *где? (куда?)* в бюро обмена |
| валю́та* | Valuta | |
| путеше́ствие* | Reise | |
| рейс | Flugnummer | лететь рейсом… |
| самолёт | Flugzeug | самолёт вылетает |
| спра́вочное бюро́ | Auskunftsbüro | |
| туале́т | Toilette | Где здесь туалет? |
| е́здить *unbest.* | fahren | Где ты был? Я ездил в … |
| лете́ть *best.* | fliegen | Самолёт летит в … |
| лета́ть *unbest.* | fliegen | |
| вы́лететь/вылета́ть | abfliegen | вылететь из Киева |
| обменя́ть *v.* | (um-)tauschen; wechseln | обменять деньги (марки, часы …) |
| останови́ться/остана́вливаться | verweilen, einkehren, haltmachen | остановиться на два дня (в гостинице) |
| пере-/ночева́ть | übernachten | |
| прилете́ть/прилета́ть | ankommen *(mit dem Flugzeug)*, landen | прилететь в Киев |
| удо́бно | bequem | |
| е́сли | wenn, falls | |

## Мимоходом

В каких городах – в какой стране вы хотели бы побывать?
Найдите названия городов и страны по вертикали и по горизонтали.

| | | | | | | |
|---|---|---|---|---|---|---|
| М | А | Р | С | Е | ЛЬ | П |
| А | М | О | С | К | В | А |
| Д | Е | Л | И | И | Е | Р |
| Р | К | К | Ё | ЛЬ | Н | И |
| И | К | А | Н | Н | А | Ж |
| Д | А | Н | И | Я | Ф | Е |
| У | Б | Е | Р | Л | И | Н |
| В | К | А | И | Р | Н | Е |
| Р | Л | И | М | А | Ы | В |
| Э | С | С | Е | Н | Ш | А |

8

Кинозвездочёт

«Восьмёрка» по древней симво́лике значит равнове́сие. Рождённые под этой цифрой обы́чно люди с ю́мором. Неслуча́йно среди них много ко́миков – Фернанде́ль, Луи́ де Фюне́с, Пьер Риша́р.

Второ́е значение «восьмёрки» – справедливость, зако́нность, поэтому под ней рождаются люди, которые любят юриспру́денцию, поря́док, дисципли́ну: Гре́гори Пек, известный в роли шери́фа Макке́ны; короли́ видеобоевико́в Чарльз Бро́нсон и Клинт И́ствуд.

У женщин «восьмёрок» красивая та́лия! Пример – Элизабе́т Тэйлор в роли Клеопа́тры. Если вы не так гениальны, значит, вы родились не под цифрой «8», а под цифрой «8 1/2».

# Путешествие в Киев

## В Киеве

**1** Erschließen Sie die Bedeutung der unbekannten Wörter mit Hilfe ähnlich lautender Wörter der Muttersprache:
алле́я, культу́рный центр, кашта́ны, Укра́ина.

mit Hilfe bekannter Wörter (Stammverwandtschaft):

| | |
|---|---|
| цветы – цветы цвету́т | справа – пра́вый берег |
| жить – жило́й дом | слева – ле́вый берег |
| два миллиона – больше двух миллионов | |

**2** Прочитайте текст со словарём о городе на Днепре.

Киев – столица Украи́ны. В городе живут больше двух миллионов человек.
Город располо́жен на берегах реки Днепр. Киев очень красивый зелёный город с парками, аллеями и мо́рем цветов. Три пя́тых[1] террито-

[1] Fünftel

рии Киева – это скве́ры и парки. Центр города находится на высо́ком правом берегу Днепра. **Отту́да открыва́ется** прекрасный вид на Днепр и на мосты **че́рез** ре́ку.

Киев – политический, научный и культурный центр Украины. Здесь есть университет, Академия наук и её институты, среди них известный Институт электросва́рки[1] имени акаде́мика Пато́на. Театры, знаменитые музе́и и памятники делают город привлека́тельным. На заводах Киева производят электро́нно-вычисли́тельные машины, речны́е суда́, трамвайные вагоны, фотоаппараты, магнитофоны, мотоци́клы, мебель, обувь и многое другое.

Главная улица города называется Крещáтик. Она осо́бенно красива в мае, когда цветут киевские каштаны.

На левом берегу реки были **постро́ены** новые **жилы́е** районы. Жители Киева могут отдыхать в парках, на городских **пля́жах**, на **острова́х** Днепра.

**3** Расскажите, что вы узна́ли (erfahren haben) о Киеве.

Где он расположен?
Почему город такой красивый?
Какие научные и культурные учрежде́ния (Einrichtungen) находятся в Киеве?
Что вы узнали о киевских заводах?
Где могут отдыхать жители Киева?

[1] Elektroschweißen

**4** Запомните.

*Wiedergabe von „man“*

| | |
|---|---|
| Здесь говорят по-русски. | Hier spricht **man** russisch.<br>Hier wird russisch gesprochen. |
| ↗ KRS 244 | |

**5** Переведите.

Рассказывают, что Киев **основáл** князь Кий (Fürst Kij).
После второй **миров́ой войн́ы** в иностранных газетах писали:
«В Киеве всё **разрýшено**. Город может быть **восстанóвлен** только через сто лет». Но **восстановѝли** город с его историческими зданиями, архитектýрными памятниками через десять лет. Построили новые мосты через реку Днепр, метро и современные жилые **здáния.**

## Экскурсия в историю

**6** Прочитайте текст со словарём и ответьте на вопросы.

Wann wurde Kiew gegründet? Welche Rolle spielte Kiew in der Geschichte Rußlands? Wer hat die Geschichte der Kiewer Rus überliefert? Welche Sehenswürdigkeiten Kiews stammen aus der Zeit der Kiewer Rus?

ИЗ ПРОШЛОГО ГОРОДА

Киев называют «мáтерью городов русских». **Ведь** Киев был **оснóван** в VI–VII **векáх.** В IX веке он стал столицей первого восточнославя́нского **госудáрства** – Киевской Русѝ.

Перед нами Софѝйский собор, памятник XI века.

Вот другой интересный памятник древнего Киева. Это Киево-Печéрская лáвра[1]. В XI веке она

[1] Höhlenkloster

была важным культурным центром Киевской Руси. Здесь жил и работал летопи́сец[1] Не́стор. Он написал историю Киевской Руси. Киевская Русь просуществова́ла почти три века. В XII веке Киевская Русь распа́лась.

На площади перед Софийским собором памятник Богда́ну Хмельни́цкому. Хмельницкий в XVII веке воссоедини́л Украину с Росси́ей.

Во время Великой Оте́чественной войны Киев был оккупи́рован фашистами и разру́шен. Эти два года жители Киева никогда не **забу́дут**. Красная Армия освободи́ла город в 1943 году. После войны разрушенный Киев был **бы́стро** восстановлен жителями города. За герои́зм в **борьбе́** с оккупантами Киев получил звание города-героя.

**7** Сравните и переведите.

| | | |
|---|---|---|
| *Город* Киев, | *который был осно́ван* в VI веке,<br>*осно́ванный* в VI веке, | стал столицей Киевской Руси. |
| *Метро,* | *которое было постро́ено* в 70-е годы,<br>*постро́енное* в 70-е годы, | связывает центр Киева с новыми районами. |
| Современная *промышленность,* | *которая была построена* после войны,<br>*построенная* после войны, | расположена за городом. |

[1] Chronist

**8** Запомните.

*Partizip Präteritum Passiv*

| *Langform* | | *Kurzform* |
| --- | --- | --- |
| ● Attribut zum Substantiv | | ● Prädikat |
| ● bezeichnet Nebenhandlung, die zeitlich vor der Haupthandlung liegt | | |
| ● stimmt in Genus, Numerus und Kasus mit Beziehungswort überein | | ● stimmt in Genus und Numerus mit Subjekt überein |
| ● -нн-, -енн-, -т- | ⟵Suffixe⟶ | ● -н-, -ен-, -т- |
| ↗ KRS 207, 212 | | ↗ KRS 213 |

**9** Переведите предложения со словарём.

В древние времена уже и́здали (von weitem) открывался вид на город Киев, располо́женный на высоком берегу Днепра.

У входа в город стояли Золотые **воро́та**, постро́енные в 1037 году. Об истории Киевской Руси рассказывает летопись, напи́санная Нестором.

Жители новых жилых районов, расположенных на левом берегу Днепра, ездят в центр на метро.

Мосты, построенные в разное время, явля́ются достопримечательностью Киева.

Киев – олимпийский город: семь матчей футбольного турнира XII Олимпиады, откры́той 19 июля 1980 года в Москве, проходили в Киеве.

**10** a) Bilden Sie nach folgendem Muster Wortgruppen mit dem Verb im Infinitiv.

Ⓜ написанная открытка – написать открытку

постро́енное здание, восстано́вленные исторические здания, **забы́тая** книга

b) Suchen Sie die Bedeutung der unbekannten Wörter im Wörterbuch auf:

обновлённая часть города, дости́гнутый результат, возвращённые книги, иссле́дованная проблема, решённый вопрос

**11** Переведите предложения со словарём.

Древнерусское государство было осно́вано в IX веке.
Софийский собор, один из самых красивых памятников **архитекту́ры**, был постро́ен ещё в XI веке.
Здания главной улицы Киева были разру́шены во время второй мировой войны.
Заводы, постро́енные после войны, располо́жены за́ городом. Осенью в городе будет **откры́та** картинная галерея.

**12** Составьте предложения.

| | | |
|---|---|---|
| город | | расположен, -а, -о; -ы *(где?)* |
| деревня | | основан, -а, -о; -ы *(когда? кем?)* |
| | был, -а, | **про́дан**, -а, -о; -ы |
| музей | -о; -и | |
| театр | | построен, -а, -о; -ы *(когда? кем?)* |
| универмаг | | разрушен, -а, -о; -ы *(когда?)* |
| план города | будет; | восстановлен, -а, -о; -ы *(когда? кем?)* |
| | будут | |
| открытки с видами… | | |
| промышленность | | развит, -а, -о; -ы *(как?)* |
| сельское хозяйство | | **закры́т**, -а, -о; -ы *(когда?)* |
| | | открыт, -а, -о; -ы *(когда?)* |

**13** Berichten Sie über Kiew und Ihren Heimatort.

Киев был … в VI веке, а мой родной город (моя родная деревня была …).
Киев … на берегах реки Днепра, на Украине, а мой родной город (моя родная деревня) …
В Киеве особенно … машиностроение и научное приборостроение, а в моём родном городе (в моей родной деревне) …
Скоро после войны в Киеве были … новые современные здания и жилые районы, а в моём родном городе (моей родной деревне) …
Во время войны Киев был сильно …, а мой родной город (моя родная деревня) …

Сегодня Киев красивый город, а мой родной город (моя родная деревня) …

## Для тех, кто интересуется историей

### КИЕВСКАЯ РУСЬ

Пре́дки[1] русского, белору́сского и украи́нского народов – восто́чные славя́не. Они занимали территорию от Балтийского моря до Чёрного, от Карпатских гор до Оки́ и Во́лги. В VI веке славяне, которые жили по берегам Днепра, стали называться ру́сами.

В начале IX века возни́кло древнерусское государство Киевская Русь. Столицей Киевской Руси стал город Киев. Киев тогда был одним из самых больших и красивых городов Европы и важным куль-

[1] Vorfahren

турным центром. В это время уже существова́ли школы. Многие люди умели читать и писать. В музеях можно увидеть пергаментные книги, написанные в эту эпоху. Высоко развиты были сельское хозяйство, ремесло и торговля. Были основаны и другие города, например, Черни́гов, Переясла́вль, Смоле́нск, Росто́в, Ла́дога, Псков, По́лоцк и другие.

В XII веке Киевская Русь как центральное государство распалась. А в 1240 году монгольский хан Баты́й захвати́л Киев.

## Что стоит осмотреть?

**14** *So kann man sich nach Sehenswertem erkundigen und darüber Auskunft erteilen.*

– Что **сто́ит** осмотреть?
– Стоит осмотреть замок. Это интересный памятник XV века.

**15** Составьте диалоги по образцам.

– Я увлекаюсь (очень интересуюсь) историей. Скажите, пожалуйста, что стоит осмотреть в вашем городе?

– Стоит осмотреть древнюю ратушу. Она построена в XIII веке.

или

– По-моему, стоит осмотреть древнюю ратушу. Это здание – памятник архитектуры XIII века.

или

– Я думаю, стоит осмотреть древнюю ратушу. Она находится недалеко **отсю́да**. Туда можно дойти пешком.

Используйте:

**те́хника:** (осмотреть, пойти) выставка машин, музей космонавтики, новый мост, телебашня, политехнический музей;

**культу́ра:** (осмотреть, пойти) галерея, выставка детского рисунка, выставка керамики, выставка игрушек, **краеве́дческий музе́й,** театр;

архитектура: (осмотреть) городские стены, башни, ворота, замок, церковь, крепость.

**16** Запомните.

*„Müssen als Notwendigkeit*

| | | |
|---|---|---|
| (кому) | **надо**<br>**нужно** | (было, будет) + Infinitiv |
| ↗ KRS 264 | | |

**17** Переведите.

1. Интересно заниматься историей городов, поэтому нам надо (нужно) будет купить книгу об истории этого города.
2. Туристам надо сказать, что стоит осмотреть в нашем городе.
3. Мне надо было рассказать моим товарищам о развитии (ср. развит) города.
4. Мой друг экскурсовод. Завтра ему надо будет показать русским гостям достопримечательности города.

**18** Скажите, кому надо это сделать.

Ⓜ Надо спросить, как дойти до станции метро.
Тебе надо спросить, как дойти до станции метро.

...спросить, когда основан этот город.
...осмотреть краеведческий музей.
...показать туристам, как доехать до музея.
...ехать на метро.

Folgende Aufschriften begegnen Ihnen auf Hinweisschildern im Stadtverkehr:

| | | | |
|---|---|---|---|
| Стойте! | Bleiben Sie stehen! | Идите! | Gehen Sie! |
| Вход (в метро) | Eingang (zur Metro) | Выход (в город) | Ausgang (zur Stadt) |
| Переход | Übergang | Подземный переход | Unterführung |
| Нет входа | Kein Eingang | Нет выхода | Kein Ausgang |
| Хода нет | kein Durchgang | | |
| Разменный автомат | | Wechselautomat | |
| Опустите монеты ... коп. | | Werfen Sie eine ...-Kopeken-Münze ein! | |
| только в трамвае и автобусе | | | |
| Не забудьте оторвать билет! | | Reißen Sie bitte einen Fahrschein ab! | |
| Абонементные книжки продаются водителем только на остановках. | | Fahrscheinhefte werden vom Fahrer nur an Haltestellen verkauft. | |

**19** Сравните и запомните.

а)

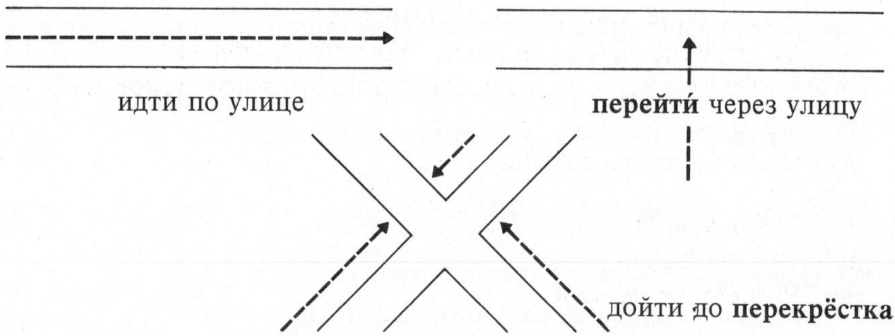

б) переход (через улицу) – перейти/**переходи́ть** (через улицу)
вход (в метро) – **войти́/входи́ть** (в метро)
выход (из метро) – **вы́йти/выходи́ть** (из метро)
– дойти/… (до перекрёстка)

**20** Переведите.

а) Как дойти до вокзала?
Сначала идите прямо по этой улице. У перекрёстка перейдите через улицу. Там **ся́дьте** на двадцатый **тролле́йбус**. На третьей остановке сделайте **переса́дку** на девятый автобус.

б) Formen Sie die Sätze um. Gebrauchen Sie надо (нужно).

**21** Посмотрите на план центра Киева. Прочитайте диалоги по ролям. Вы стоите на Крещатике перед станцией метро.

А – **Прости́те**, пожалуйста, где находятся Золотые ворота?
Б – На Влади́мирской улице.
А – А как туда дойти?
Б – Идите до улицы Владимирской. У перекрёстка вам надо перейти через улицу. Слева вы увидите Золотые ворота, а справа от Золотых ворот на улице Владимирской находится Софийский собор. Это древний памятник Киевской Руси. Его тоже стоит осмотреть.
А – Большое спасибо за совет.

А – Скажите, пожалуйста, как дойти до Влади́мирского собора?
Б – До Владимирского? Это далеко. Надо ехать на метро до станции Университет. Потом надо идти по бульвару Тара́са Шевче́нко до улицы Леонто́вича.
А – А на автобусе можно доехать?
Б – Конечно, сядьте на девятый автобус. Вот остановка автобуса.
А – А вы знаете, где мне надо выходить?
Б – Да, через четыре остановки – Ботани́ческий сад.
А – Через четыре остановки, это значит на пятой остановке?
Б – Правильно.
А – Спасибо, до свидания.

А – Вы выходите?
Б – Нет, не выхожу.
А – **Разреши́те пройти́**?

финиш **22** Составьте диалоги. (↗ Ratschläge …)

а) Sie wollen eine Sehenswürdigkeit Kiews besichtigen. Fragen Sie Ihren Gesprächspartner, wie Sie dorthin gelangen können.

б) Stellen Sie sich vor, daß Sie in Ihrem Heimatort ein ausländischer Bürger nach einer Straße, einem Platz, einer Sehenswürdigkeit … fragt. Geben Sie ihm Auskunft.

1. Софийский собор
2. Памятник Богдану Хмельницкому
3. Стадион «Динамо»
4. Памятник футболистам «Динамо-Киев»
5. Гостиница «Москва»
6. Золотые ворота
7. Театр оперы и балета им. Т. Шевченко
8. Центральный универмаг
9. Владимирский собор
10. Гостиница
11. Университет им. Т. Шевченко
12. Памятник поэту Т. Шевченко

**23** Übertragen Sie sinngemäß ins Russische.

Rostock liegt im Norden unseres Landes am Ufer der Ostsee. 1218 erhielt Rostock das Stadtrecht und wurde bald Mitglied der Hanse (Ганза). Die Stadt war immer ein wichtiger Verkehrsknotenpunkt (транспортный узел). Während des Krieges war Rostock sehr zerstört worden. Heute ist die Stadt wiedererrichtet und zieht viele Gäste aus dem In- und Ausland an. Es lohnt sich, die Stadt zu besichtigen, die Kröpeliner Straße entlangzugehen. Hier befinden sich einige historische Gebäude. Ein interessantes Architekturdenkmal aus dem 13. Jahrhundert ist die Marienkirche. Aber auch die moderne Architektur Rostocks ist sehenswert.

финиш

**24** Stellen Sie schriftlich Ihren Heimatort vor.
Schreiben Sie,
- wie er heißt, wann er gegründet wurde,
- wo er gelegen ist (in welchem Teil des Landes, an welchem Fluß, im Gebirge, an der Küste),
- wieviel Einwohner er hat,
- wie die Hauptstraße heißt,
- welche Bildungseinrichtungen es gibt,
- welcher Industriezweig besonders entwickelt ist,
- ob Ihnen Ihr Heimatort gefällt,
- ob es dort Parks, Alleen gibt, welche Bäume dort wachsen,
- welche Sehenswürdigkeiten zu besichtigen sind, wo sie sich befinden,
- welche kulturellen Einrichtungen er hat,
- welche bekannten Persönlichkeiten dort gelebt haben (leben),
- warum es sich lohnt, Ihren Heimatort zu besichtigen.

**25** Выучите новые слова.

| | | |
|---|---|---|
| война́* | Krieg | до войны |
| зда́ние | Gebäude | работать в большом здании |
| о́стров; -а́ | Insel | на острове |
| пляж | Strand | играть на пляже |
| жило́й | Wohn- (*in Zus.*) | жилые районы |
| миро́во́й* | Welt- (*in Zus.*) | мировая война |
| восстанови́ть *v.* | wiederherstellen, wiederaufbauen | восстановить здание |

| | | |
|---|---|---|
| восстанóвлен, -а, -о; -ы | ist wiederhergestellt (wiederaufgebaut) (worden) | город был восстановлен |
| основáть *v.* | gründen | основать город |
| открывáться | sich (er-)öffnen | открывается вид |
| пострóен, -а, -о; -ы | ist erbaut (worden) | |
| разрýшен, -а, -о; -ы | ist zerstört (worden) | Здание было разрушено. |
| чéрез *mit A.* | über (hinüber) | перейти через улицу |
| оттýда | von dort (aus) | |

| | | |
|---|---|---|
| архитектýра | Architektur | памятник архитектуры |
| борьбá* | Kampf | |
| век; -á | Jahrhundert | в двадцатом вéке |
| ворóта* *Pl.* | Tor | Бранденбургские ворота; у ворот |
| госудáрство* | Staat | |
| забы́ть/забывáть (↗ KRS 222) | vergessen | Не забудь(-те)! |
| забы́т, -а, -о; -ы | ist vergessen (worden) | Книга забыта. |
| закры́т, -а, -о; -ы | ist geschlossen (worden) | Магазин закрыт. |
| откры́т, -а, -о; -ы | ist (er-)geöffnet (worden) | Музей открыт. |
| оснóван, -а, -о; -ы | ist gegründet worden | город был основан |
| прóдан, -á, -о; -ы | ist (aus-)verkauft worden | Билеты проданы. |
| бы́стро | schnell | |
| ведь* | denn, doch | |

| | | |
|---|---|---|
| краевéдческий музéй | Heimatmuseum | |
| культýра | Kultur | |
| перекрёсток, -тка | Kreuzung | доехать до перекрёстка |

| | | |
|---|---|---|
| переса́дка | Umsteigen | делать пересадку |
| те́хника | Technik | интересоваться техникой |
| тролле́йбус | Obus | входить в троллейбус |
| войти́/входи́ть (↗ KRS 222) | hineingehen; hereinkommen | войти в дом<br>войти в трамвай |
| вы́йти/выходи́ть | hinausgehen; herausgehen | выйти из дома<br>выйти из трамвая |
| перейти́/ переходи́ть | überschreiten, hinübergehen, überqueren | перейти через улицу |
| пройти́/проходи́ть | durchgehen, passieren; verstreichen | Проходите, пожалуйста! пройти через площадь на улицу; время прошло |
| сесть v. (↗ KRS 222) | sich setzen; einsteigen | Сядь(-те) на пятый троллейбус! |
| сто́ить *(1. und 2. Person ungebräuchlich)* | kosten; sich lohnen | Сколько стоит…?<br>Стоит осмотреть это здание. |
| Прости́те! | Entschuldigen Sie! Entschuldigt! | |
| Разреши́те! | Gestatten Sie! Gestattet! | |
| на́до (было; будет) *mit Inf.* | man muß | Нам надо заниматься спортом. |
| ну́жно (было; будет) *mit Inf.* | man muß | Мне нужно купить план города. |
| отсю́да | von hier aus | |

## 6

# Мимоходом

Найдите названия немецких городов по вертикали и по горизонтали.

| | | | | | | | | | | | |
|---|---|---|---|---|---|---|---|---|---|---|---|
| Э | С | С | Е | Н | Ю | Р | Н | Б | Е | Р | Г |
| Р | Г | Е | Р | А | В | Е | Й | М | А | Р | А |
| Ф | Л | Й | М | У | С | К | А | У | И | П | Н |
| У | Ю | Е | Ж | М | А | Й | Н | Ц | М | О | Н |
| Р | Б | Н | Б | Е | Р | Л | И | Н | Е | Т | О |
| Т | Е | А | В | Б | О | Н | Н | О | Й | С | В |
| Р | К | И | Ц | Г | А | Л | Л | Е | С | Д | Е |
| И | Н | А | Г | О | Т | А | Н | Я | Е | А | Р |
| Р | О | С | Т | О | К | И | ЛЬ | Н | Н | М | А |

# Люди и города

## Скажи мне, кто твой друг, и я скажу, кто ты

**1** Скажите, с кем вы дружите и с кем вы не хотели бы дружить. Используйте 2 урок, упр. 7 и 8.

**2** Charakterisieren Sie zwei Ihnen bekannte Personen.

Ⓜ Нина – моя подруга. Ей 15 лет. Она моложе меня на один год. Но она очень **серьёзная** девушка. Нина интересуется литературой, много читает и много знает. Она уже знает, кем будет. Нина хочет стать учительницей литературы. А Лена, сестра Нины, старше меня. Она любит заниматься спортом, хорошо играет в теннис. Лена более весёлая девушка, легче смотрит на жизнь, чем Нина. О профессии она ещё не думает.

С Ниной можно говорить о более серьёзных проблемах, а с Леной всегда весело. Мы с ней много смеёмся. Они разные, поэтому я люблю и Нину, и Лену.

**3** Charakterisieren Sie sich selbst.

## Приезжайте к нам в гости!

**4** Поприветствуйте их и познакомьтесь с ними.

Владимир Николаевич Пастухов, учитель

Алексей, ученик

Таня, ученица

**5** *So kann man jemanden einladen, Einladungen annehmen oder ablehnen.*

Я хотел(-а) бы пригласить вас … *(besonders höfliche Form der Einladung)*

(Я) приглашаю вас (тебя) на (в) …

Приезжай(-те) / Приходи(-те) ко мне (к нам) в гости!

Пойдём(-те) со мной на (в) …

Спасибо за приглашение, **обязательно** приеду (приду).

**С удовольствием** приду (пойду с вами).

**К сожалению**, не могу.

**Жаль**, но сегодня я занят(-а).

**6** Работайте парами.

Пригласите гостей
- к себе домой,
- в … (клуб, ресторан, кинотеатр),
- на … (выставка, концерт, дискотека, экскурсия по городу).

Скажите,
– когда и где вы встретитесь,
– принимаете ли вы или не принимаете приглашение.

Ⓜ А – Владимир Николаевич, я хотел бы пригласить вас на экскурсию по городу. Вам надо обязательно осмотреть центр нашего города, нашу красивую ратушу, краеведческий музей.

Б – Спасибо. Я очень интересуюсь архитектурой и историей. Я с удовольствием пойду с вами. Когда мы встретимся?

А – В 8 часов у киоска перед гостиницей.

Б – Хорошо. Приду.

А – Привет, Саша! Смотри, у меня билеты в кино. Идёт новый детектив. Пойдёшь со мной?

Б – К сожалению, не могу. Я сегодня занят.

## Приезжайте в наш город!

**7** Прослушайте текст с ленты. Прочитайте по ролям.

А – Скажите, как можно доехать до вокзала?

Б – Простите, не понял, что вы сказали?

А – Я сказал: мне надо отсюда попасть на вокзал. Помогите, пожалуйста.

Б – Вокзал… Я не помню такого слова, скажите, пожалуйста, по-другому.

А – Вы, может быть, знаете эти слова: поезд, вагон, экспресс, Москва.

Б – А, знаю! Минутку! Экспресс! Идите прямо, потом туда. Там остановка. Автобус номер 10. Понятно?

А – Конечно. Спасибо. Простите за беспокойство! Вы так хорошо говорите по-русски.

Как вы думаете, он (А) правду сказал?

**8** Прочитайте текст.

В каком городе живёт Роберт?

Мой родной город находится в Тюрингии. Он расположен на берегу реки Заале. Это большой и старый город. Он был основан в XII веке. Сегодня в нём 108 000 жителей. У нас много достопримечательностей, например, планетарий, Музей оптики, Ботанический сад, ратуша, университет.

В нашем городе жили **изве́стные** немецкие учёные: физик-оптик Эрнст Аббе, химик Фридрих Отто Шотт, оптик-механик Карл Цейс. (↗ STE 6, KRS 213; STE 4, KRS 198, 199)

**9** Suchen Sie aus dem Text in Übung 8 die russischsprachigen Aussagen zu Lage und Gründung der Stadt heraus und übersetzen Sie diese. Durch welche Formen wird das Prädikat ausgedrückt?

**10** Übersetzen Sie die Sätze. Bestimmen Sie das Prädikat.

В нашем городе строятся школы и кинотеатры.
Наш театр был построен в 1988 году.
Он строился 2 года.
На этой неделе открывается выставка плакатов.
Она будет открыта с понедельника до субботы.
В нашем кинотеатре регулярно проводятся Дни документального фильма. В этом году Дни документального фильма будут проведены в ноябре.

**11** Прочитайте текст со словарём и скажите, в каком городе живёт Алексей.

МОЙ РОДНОЙ ГОРОД

Меня зовут Алексей. Я ученик девятого класса. Город, в котором я живу, самый большой город на побережье (*ср.* берег) Чёрного моря. Он был основан в 1794 году на месте бывшей турецкой крепости, взятой в 1789 году русскими войска́ми[1] под командованием генерала Дериба́са. В па́мять[2] о нём главная улица города называется Дериба́совская.

Мой город – большой транспортный, промышленный и культурный центр Украины.

[1] Truppen [2] zur Erinnerung

Одна из достопримечательностей города – Потёмкинская ле́стница[1], названная так в память о восстании на броненóсце[2] «Потёмкин» в 1905 году. С этой лестницы открывается прекрасный вид на порт.

Недалеко от того места, на Пушкинской улице, находится дом № 13, напоминающий о пребывании Пушкина в моём городе. Одно из самых красивых зданий в городе – это наш оперный театр. Во время второй мировой войны город был оккупирован фашистами. Партизаны, жившие в катакомбах под городом, продолжали борьбу с оккупантами.

Жители и туристы, приезжающие и прилетающие сюда, отдыхают на курортах и на пляжах, расположенных на юго-западе этого большого зелёного города.

**12** Suchen Sie die Sätze heraus, die Partizipien enthalten. Übersetzen Sie diese. (↗ KRS 209, 211–213)

**13** Sagen Sie russisch, daß

– man nicht nur im Sommer, sondern auch im Winter gern in diese Stadt fährt,
– man diese Stadt nach dem zweiten Weltkrieg schnell wieder aufgebaut hat.

Man sagt auch, daß sich in dieser Stadt das schönste Operntheater der Welt befindet.
(↗ KRS 244)

**14** Посоветуйте гостю осмотреть достопримечательности вашего города и скажите, как туда дойти (доехать).

Ⓜ **«Сове́тую** вам осмотреть наш музей, он особенно интересен».
«По-моему, стоит осмотреть наш музей, ...»
(↗ Ratschläge ...)

Используйте:

| | |
|---|---|
| Что стоит осмотреть? | выставка, дом-музей, музей; городская стена, башня, ... (↗ 4 урок, стр. 71–72) |
| Как дойти до ...? | – идите по улице ... (прямо, налево, ...)<br>– надо перейти через улицу |
| Как доехать до ...? | – надо ехать на метро (трамвай, автобус) |

[1] Treppe [2] Aufstand auf dem Panzerkreuzer

**15** Поговорите друг с другом о том,
- откуда вы;
- в каком городе (в какой деревне) вы живёте;
- где он (она) расположен(-а);
- когда он (она) основан(-а);
- какие **о́трасли** промышленности или сельского хозяйства там развиты;
- нравится ли вам ваш город (ваша деревня);
- интересуетесь ли вы историей вашего города (вашей деревни), что вы знаете о ней;
- какие достопримечательности вы обязательно советуете гостям осмотреть.

**16** Прочитайте этот рассказ и подумайте, как можно назвать его.

Я много слышал и читал об Одессе, её жителях, у которых свой, оде́сский, характер, свой, одесский, юмор и даже свой, одесский, язык. Но я не ве́рил этому.

И вот однажды я приехал в Одессу. Был тёплый осенний день. Я стоял около вокзала и не знал, куда пойти, откуда начать осматривать этот прекрасный южный город.

– Почему вы тут стоите? Что вы ищете? – спросил меня черногла́зый мальчик.

Я не знал, как ему объяснить, почему я тут стою. Поэтому я сказал первое, что пришло в голову:

– Я хочу купить мороженое.

– Мороженое? Тут нет мороженого.

– Ты так думаешь?

– Когда я говорю, я уже не думаю, – сказал мальчик. – Когда я говорю, я уже знаю. А вы недавно приехали в Одессу. Я это сразу понял. Хотите, я покажу вам наш город?

Мы гуляли по городу три часа. Такой экскурсии, как эта, у меня никогда́ не было[1] и, наверное, никогда́ не будет[2], потому что у меня никогда не было и никогда не будет такого экскурсовода. Моего экскурсовода звали Витька. Он учился в шестом классе. Город он знал прекрасно.

Витька говорил так:

– Я не буду вам рассказывать, что Одесса – самый большой междуна-

[1] ich hatte niemals [2] ich werde niemals haben

родный порт на Чёрном море, Одесса – один из лучших наших курортов. Это даже мой трёхлетний брат знает … Вот наша главная улица, Дерибасовская. Она очень короткая, но очень известная. Здесь жило много известных людей. Вот тут Менделе́ев жил. Химик. Знаете? А тут Пирого́в. Хирург. Знаете? А это памятник Пушкину. Но о Пушкине я вам тоже ничего не буду рассказывать. Вы, конечно, читали ещё в школе, что он жил в Одессе и любил её так, как никто не любил … Это наш оперный театр. Я не буду вам о нём рассказывать. Вы же видите, что он самый красивый в мире …

Я подумал, что Витька, может быть, прав: стари́нное здание театра мне очень понравилось.

– А то, что наши оперные певцы́ с успехом выступают во многих странах мира, я думаю, и рассказывать не нужно.

Я согласился и с этим.

Очень скоро Витька сказал:

– Ну зачем я буду рассказывать вам, какая Одесса? У вас есть глаза – смотрите! Если, конечно, они у вас не болят. А если болят – у нас в Одессе есть очень хороший глазной институт. Туда люди из **ра́зных** стран приезжают.

Витька был прав. Одессу надо было почувствовать. Слова только мешали. Мы стояли около моря и смотрели на порт. Мы смотрели на море, на белые дома и слушали музыку, которую через каждые 30 минут повторяли часы на Примо́рском бульваре.

Наша экскурсия закончилась около Витькиного дома.

– Ну, как вам понравился наш город? – спросил меня Витька. – Я и так знал. Одесса всем нравится … У вас есть ручка?

– Нет. А зачем тебе ручка?

– Сейчас увидите. Подождите, пожалуйста, меня немного.

Витька ушёл, но через минуту вернулся.

– Вот ручка, – сказал он. – Напишите, пожалуйста, записку в школу, что я не был сегодня на уроках, потому что показывал вам город.

– Ты не ходил сегодня в школу?

– Конечно, не ходил. Я должен был показать вам наш город.

**17** Расскажите, что вы узнали из этого текста об Одессе. Что вы думаете о мальчике-экскурсоводе?

## Глаголы, глаголы, глаголы

**18** Ordnen Sie folgende Verben nach Aspektpaaren.
(↗ KRS 151, 153)

отправиться, вспоминать, знакомиться, позвонить, отмечать, мастерить, отправляться, вспомнить, познакомиться, звонить, отметить, смастерить

**19** Bestimmen Sie den Aspekt der Verben. Nennen Sie den fehlenden Aspektpartner.

встречаться, нарисовать, останавливаться, получать, послать, обсуждать, отремонтировать, купить, прибывать

**20** Lesen und übersetzen Sie. Erläutern Sie den Gebrauch der Aspekte.

Весь год *строили* новое здание школы.
Каждый месяц я *получала* письма из дома.
Туристы *сидели* в автобусе и *осматривали* город.

В прошлом году это здание *построили*.
Вчера я *получил* письмо от отца.
Туристы *осмотрели* выставку, *вышли* из музея, *сели* в автобус и *поехали* в гостиницу.

– Что ты вчера *делала*?
– *Писала* письмо.

**21** Дополните предложения. Вместо точек вставьте глаголы нужного вида.

купить/покупать
– Ты уже … календарь?
– Да, … Я всегда в январе … календари́.

**вы́учить**/учить
– Когда Пётр … урок, его брат читал книгу.
– Когда Пётр … урок, он пошёл ужинать.

# 7

## *Verben der Fortbewegung mit Vorsilben*

Wenn Sie sich die Bedeutung der Vorsilben gut eingeprägt haben, können Sie ohne Schwierigkeiten auch Ihnen unbekannte Verben der Fortbewegung mit Vorsilbe verstehen. Probieren Sie es!

Запомните антонимы.

| | |
|---|---|
| **в-** (во-) | – **вы-** |
| **при-** | – **у-** |
| **под-** | – **от-** |

**22** Переведите.

**в-** (во-)

Он *вошёл* в квартиру.

Машина *въехала* во двор (Hof) и остановилась.

Смотри, какая красивая канарейка *влетела* в нашу комнату.

**вы-**

Он *вышел* из комнаты.

Летом мы часто *выезжаем* на дачу.

**при-**

К нам вчера *приехал* друг из Сара́това.

Мы *придём* к вам в субботу.

**у-**

Ваш друг *улетел* в Саратов или он ещё у вас?

Жаль, Бориса нет. Он уже *уехал*.

Где Нина? Она *ушла* в библиотеку.

**под-**

Я *подошёл* к киоску и купил газету.

К мебельному магазину *подъехал* грузови́к (LKW) с новыми столами и стульями.

**от-**

Я купила газету и *отошла* от киоска.

Поезд всё дальше *отъезжал* от вокзала.

**до-**

Он *дошёл* до перекрёстка.

Здравствуйте, Анна Петровна, как вы *долетели*?

Мы *доехали* до его дома за (innerhalb) 30 минут.

**пере-**

Он *переходит* (через) улицу.

Самолёт *перелетел* (через) горы Кавказа.

Мы *переехали* (через) мост.

Наша семья через неделю *переедет* в новую квартиру.

**23** Переведите со словарём.

Вас интересует наше путешествие?

Я боялась, что опоздаю. Поэтому рано вышла из дому. Я знала, когда отходит автобус, и хотела быстро перейти через улицу. Но надо было долго ждать зелёного света. Когда я пришла на остановку автобуса, автобус ушёл. Я села на такси и доехала до аэровокзала, где мы встретились. Оттуда мы поехали на автобусе в аэропорт. Мы сдали багаж, прошли через паспортный и таможенный контроль и вошли в зал ожидания. Через 20 минут была объя́влена посадка на самолёт. Мы вышли из зала и вошли в самолёт. Самолёт вылетел во́время. Через два часа мы прилетели в Берлин.

**24** Выучите новые слова.

| | | |
|---|---|---|
| серьёзный | ernst, ernsthaft | серьёзный человек |
| за́нят, -а́; -ы | besetzt, (mit etwas) beschäftigt (sein) | |
| жаль | (es ist) schade; es tut (mir) leid | мне жаль |
| обяза́тельно | unbedingt | |
| к сожале́нию | leider | |
| с удово́льствием | mit Vergnügen | |
| о́трасль*, -и *f.* | Zweig, Branche | отрасль промышленности |
| изве́стный | bekannt; berühmt | известный писатель |
| ра́зный | verschieden | |
| **по-**/сове́товать | raten | советую тебе осмотреть ... |
| вы́учить *v. zu* учить *что*? | (etwas) lernen | Выучите новые слова. |

## Мимоходом

Прочитайте весёлые истории с глаголами «перейти, подходить, прийти, подойти, уйти, переходить, переехать».

Точный адрес

Мой друг очень любит точность.

– Где находится магазин? – спросил его один человек.

– Магазин? Надо *перейти* через мост и потом повернуть направо.

– А мост длинный?

– Около двадцати метров.

Человек сказал «Спасибо» и пошёл к мосту. Вдруг он услышал, что кто-то бежит за ним.

– Стойте! – кричал мой друг. – Я вспомнил, что длина моста не 20, а 40 метров. Остановитесь! Если, как я вам сказал, вы *пройдёте* 20 метров и повернёте направо, то упадёте в реку.

Вы можете снять[1] маску!

Хирург в маске и с операционным ножом в руках *подходит* к столу, на котором лежит больной[2].

– Вы можете снять свою маску, доктор, – замечает больной, – я вас сразу узнал.

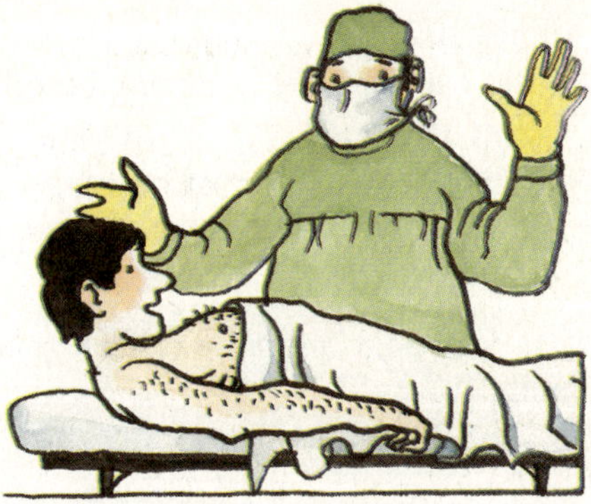

*

В кафе

Официант не́хотя[3] *подходит* к столику и даёт гостю меню.

– Что будете есть?

– Видите ли, – говорит гость, – я *пришёл* к вам утром, чтобы завтракать, но теперь уже время обеда, поэтому дайте мне что-нибудь на ужин.

Верная собака

Один покупатель *пришёл* на выставку собак. Он увидел прекрасную собаку и *подошёл* к ней побли́же[4]. Собака понравилась ему, и он решил её купить.

– Сколько стоит эта собака? – спросил он у владе́льца[5] собаки.

– 200 франков.

– Я возьму её.

Прежде чем[6] *уйти* с собакой, покупатель ещё раз *подошёл* к продавцу и спросил его:

– Скажите, она верная?

– Да! Я продаю её уже второй раз.

*

Труси́ха[7]

– Наша бабушка настоящая трусиха, – сказал мне маленький Юрик.

– Почему ты так думаешь?

– Всегда, когда мы *переходим* улицу, она хвата́ет меня за руку.

*

[1] abnehmen [2] Kranker [3] lustlos [4] näher [5] Eigentümer [6] bevor [7] Angsthase

Перемена

– Вы ещё живёте в вашей тихой квартире?

– Уже нет.

– *Переехали?*

– Нет, моя жена купила телевизор.

*

Das Verbpaar *плыть, плавать* gehört auch zu den Verben der Fortbewegung.

Смелый плове́ц

Лёша и Гриша лежали на берегу реки. Был полдень. Припека́ло[1].

– Лёш, – вдруг спросил Гриша, – ты бы *переплы́л*[2] эту реку?

– Эту? Конечно, – лениво ответил Лёша.

– А наше озеро? – спросил Гриша.

– Озеро? Ничего не стоит!

– А море? – спросил Гриша. – Море *переплывёшь*?

– А почему бы и нет? – сказал Лёша.

– А океан?

– Нет, – ответил Лёша. – Океан нет. Мама не разрешит.

[1] Die Sonne brannte. [2] hier: könntest du

# Спорт в нашей жизни

## Туризм – это тоже спорт

**1** Прочитайте, что написали читатели советского журнала «Турист» о своём отдыхе в прошлом году.

ГОСТИНИЦА-АУЛ

Люблю путешествовать пешком. Гостиницы, кемпинги и **тури́стские ба́зы,** где отдыхают много людей, я не люблю. Мне нравится туризм без сервиса. В прошлом году мы с другом путешествовали по горам Дагеста́на. И высоко в горах мы **нашли́** древний ау́л[1], в котором **никто́** не

[1] wir fanden ein altes Bergdorf

жил. Мы остановились в одной хате и жили так, как в прошлые века, собирали грибы, ягоды и фрукты и ловили рыбу в горных речках. Какая там природа! Какие горы! Мы очень хорошо **отдохну́ли**.

П. Гурченко, г. Киев

И РАБОТА, И ОТДЫХ

В прошлые летние каникулы моя студенческая группа **реши́ла** пойти пешком по Военно-Грузи́нской дороге, посмотреть Кавказ. Путешествие было замеча́тельным, но деньги скоро **ко́нчились**. Мы решили найти работу. И в одном горном селе, где строили школу, мы помогали в строи́тельстве этой школы. Мы работали там три недели. За это время мы загорели и неплохо заработали. Когда мы поехали домой, мы ничем не **отлича́лись** от пля́жных курортников.

С. Мичуле, г. Екатеринбург

**2** Составьте предложения.

путешествовать *по чему*? (горы, берега реки, …, страна)
решить/**реша́ть** *что*? (проблема, вопрос)
делать *что*? (работать, ходить в поход в …, путешествовать по …)
найти *v. что*? (гостиница, красивое место, ресторан, …)

**3** Скажите,
– где вы хотели бы провести ваши каникулы?
– вы хотели бы провести каникулы без сервиса?
– что вы думаете об отдыхе и работе во время каникул?
– любите ли вы путешествовать пешком (по горам)?

**4** Переведите.
– Кто в этом году ездил на Кавказ?
– В этом году никто не ездил на Кавказ.

– С кем вы ездили на Кавказ?
– Какие памятники вы осмотрели во время путешествия?
– На каком курорте вы были?

– Я ни с кем не ездил на Кавказ.
– Во время путешествия мы **никаки́х** памятников не видели.
– Я ни на каком курорте не была.

**5** Запомните.

*Negativpronomen*

| | | | |
|---|---|---|---|
| кто? | wer? | никто | niemand, keiner |
| что? | was? | ничто | nichts |
| какой? | welcher? | никакой | kein |

В этом году никто / я ни с кем не ездил в …

↗KRS 143–145

**6** Suchen Sie aus der Übung 1 die beiden Sätze mit Negativpronomen heraus und übersetzen Sie diese.

**7** Никто ни с кем ничем не занимался. Вы не верите? Тогда прочитайте.

Мой друг ни с кем не ездил отдыхать во время каникул. Родители ездили без него. Его никто не приглашал. У него нет никаких ро́дственников (Verwandte), кроме родителей. Он каждый день ходил в бассейн, но там из друзей никого не встречал. Когда его спросили, с кем он встречался, чем занимался во время каникул, он ответил: «Я ни с кем не встречался, ничего не слышал о друзьях, ни на каком курорте не был. Писем ни от кого не получал и никому не писал. Я нашёл дома интересные книги и много читал. Я хорошо отдохнул».

**8** Beantworten Sie die folgenden Fragen verneinend. Ersetzen Sie dabei die hervorgehobenen Wörter und Wortgruppen durch die Negativpronomen никто, ничто, никакой.

В прошлом году вы ездили *с друзьями* на море? Вы были в гостях *у друзей*? Нина участвовала *в этом* путешествии? Борис *всем* рассказывал о своём путешествии? *Чем* отличалось путешествие этого года от путешествия прошлого года?

финиш

**9** Работайте парами.

Спросите вашего собеседника о его последнем путешествии и ответьте на вопросы.
- Где и с кем он(-а) провёл(-á) каникулы?
- Как долго отдыхал(-а)?
- Чем занимался(-лась) во время каникул?
- Как путешествовал(-а) пешком, на велосипеде или ездил(-а) на другом транспорте?
- Какой вид отдыха он(-а) считает самым интересным?

финиш

**10** Berichten Sie über Ihre Ferien. Äußern Sie dabei auch Ihre Meinung darüber, ob Sie sich im Urlaub gut erholt haben und wie Sie sich zukünftig einen schönen und erholsamen Urlaub gestalten möchten.

## Мой любимый вид спорта

**11** Übersetzen Sie die Wörter und Wortgruppen. Ordnen Sie diese schriftlich nach a) Sportarten, b) sportlichen Betätigungen, c) Sportstätten.

барье́рный бег, кататься на лыжах, стадион, заниматься спортом, кататься на велосипеде, купаться, спортплощадка, лёгкая атлетика, бег на сто метров, спортзал, спортивная гимнастика, (не-)**регуля́рно** тренироваться, играть в футбол, плавание, бассейн, плавать, идти, ходить в поход (на стадион), прыжки в длину, прыжки в высоту, кататься на коньках, каток, играть в теннис (бадминтон), кататься на санках, играть в мяч, ходить на экскурсии, участвовать в соревнованиях.

Für welche Sportarten interessieren Sie sich noch?

| | | | |
|---|---|---|---|
| Basketball | баскетбо́л | Skisport | лы́жный спорт |
| Bobsleigh | бо́бслей | Volleyball | волейбо́л |
| Bogenschießen | стрельба́ из лу́ка | Wasserball | во́дное по́ло |
| Bowling | бо́улинг | Wassersport | во́дный спорт |
| Boxen | бокс | Windsurfing | виндсёрфинг |
| Diskuswerfen | мета́ние ди́ска | | |
| Drachenfliegen | дельтаплане-ри́зм | | |
| Eiskunstlauf | фигу́рное ката́ние | | |
| Fechten | фехтова́ние | | |
| Golf | гольф | | |
| Handball | гандбо́л | | |
| Judo | дзюдо́ | | |
| Kugelstoßen | толка́ние ядра́ | | |
| Motorsport | мотоспо́рт | | |
| Popgymnastik | аэро́бика | | |
| Radsport | велосипе́дный спорт | | |
| Reitsport | ко́нный спорт | | |
| Ringen | борьба́ | | |
| Rugby | ре́гби | | |
| Skateboard | ске́йтборд | | |

**12** Работайте парами. Побеседуйте о спорте.

Используйте при этом следующие слова и словосочетания:
особенно нравиться
интересоваться, заниматься *чем?*
(не-)регулярно тренироваться *где? по каким дням? с кем?*
уметь *что делать? как?*
**гото́виться** к соревнованиям *по чему?*
участвовать в соревнованиях *по чему?*
смотреть по телевизору *какие?* передачи
ходить на стадион, на матчи *по чему?*

# 8

Wollen Sie mehr über Ballspiele sagen können?

| | |
|---|---|
| Welt(Europa-)meisterschaft | **чемпиона́т** мира (Европы) |
| Spiel | **игра́** |
| Satz (Tennis) | па́ртия |
| Auswahlmannschaft | сбо́рная |
| Mannschaftskapitän | капита́н сбо́рной |
| ins { Viertelfinale<br>Halbfinale } kommen | вы́йти *v.* в { I/4 фина́л<br>(четвертьфина́л)<br>I/2 фина́л<br>(полуфина́л) } |
| Finale | фина́л |
| im ~ spielen | игра́ть в ~е |
| Stürmer | напада́ющий |
| Torwart | врата́рь |
| Tor schießen | заби́ть *v.* гол |
| herausgestellt werden | быть удалённым |
| unentschieden enden | зако́нчиться *v.* **вничью** |
| verlieren | **проигра́ть/прои́грывать** со счётом… |
| gewinnen | **вы́играть/вы́игрывать** со счётом… |
| Strafstoß verwandeln | заби́ть гол с пена́льти |

**13** Прочитайте отрывки из спортивной информации о первенстве мира по футболу и ответьте на вопросы. (Из «Комсомольской правды», 10 июня 1990 г.)

## *ОЧКАХ...*

Только одно очко потеряли в 7 матчах новые чемпионы мира по футболу. И по забитым мячам футболисты сборной ФРГ также опережают всех соперников. А вот как выглядит «турнирная таблица» мирового первенства, учитывающая все 52 матча.

| | И | В | Н | П | М | О |
|---|---|---|---|---|---|---|
| 1. ФРГ | 7 | 6 | 1 | 0 | 15— 5 | 13 |
| 2. Италия | 7 | 6 | 0 | 1 | 12— 2 | 12 |
| 3. Аргентина | 7 | 4 | 1 | 2 | 5— 4 | 9 |
| 4. Англия | 7 | 3 | 2 | 2 | 8— 6 | 8 |
| 5. ЧСФР | 5 | 3 | 0 | 2 | 10— 5 | 6 |
| 6. Югославия | 5 | 3 | 0 | 2 | 8— 6 | 6 |
| 7. Бразилия | 4 | 3 | 0 | 1 | 4— 2 | 6 |
| 8. Камерун | 5 | 3 | 0 | 2 | 7— 9 | 6 |
| 9. Испания | 4 | 2 | 1 | 1 | 6— 4 | 5 |
| 10. Ирландия | 5 | 1 | 3 | 1 | 2— 3 | 5 |
| 11. Бельгия | 4 | 2 | 0 | 2 | 6— 4 | 4 |
| 12. Коста-Рика | 4 | 2 | 0 | 2 | 4— 6 | 4 |
| 13. Румыния | 4 | 1 | 1 | 2 | 4— 3 | 3 |
| 14. Колумбия | 4 | 1 | 1 | 2 | 4— 4 | 3 |
| 15. Голландия | 4 | 0 | 3 | 1 | 3— 4 | 3 |

## *О ГОЛАХ,*

115 забитых мячей, или 2,21 гола за игру, — таков один из самых, пожалуй, печальных итогов чемпионата мира по футболу. Это — наихудший показатель за всю историю мировых первенств.

Вот список главных снайперов итальянского чемпионата:

6 мячей: Скиллачи.

5 — Скухравы (ЧСФР).

4 — Линекер (Англия), Маттеус (ФРГ), Милла (Камерун), Мичел (Испания).

3 — Бреме, Клинсманн, Феллер (все — ФРГ), Плэтт (Англия).

2 — Баджо (Италия), Балинт, Лэкэтуш (оба — Румыния), Карека, Мюллер (оба — Бразилия), Йосич, Панчев, Стойкович (все — Югославия), Билек (ЧСФР), Каниджа (Аргентина), Редин (Колумбия).

По одному голу провели в ворота соперников 54 футболиста.

Сколько сборных вышли в четвертьфинал?

Какие сборные играли в полуфинале (финале)?

Смотрите на таблицу об «Очках...» и скажите,

– во скольких играх участвовала сборная ФРГ.

– сколько игр она выиграла (проиграла, закончила вничью).

– Назовите лучших сна́йперов чемпионата 90-го года.

**14** Прочитайте диалог.

А – Самый интересный вид спорта – это, по-моему, футбол.

Б – Да, ты **пра́ва́**, футболом увлекаются миллионы людей.

В – Я с вами не согласна, более интересный вид спорта – это лёгкая атлетика.

Г – Я другого мнения. Вы все пра́вы. У каждого человека есть свои интересы. Одни увлекаются футболом, а другие фехтованием.

**15** *So kann man Zustimmung und Ablehnung ausdrücken.*

| **Согла́сие** | **Несогла́сие** |
|---|---|
| Да. | Нет. |
| Коне́чно. | Коне́чно, нет. |
| Пра́вильно. | Непра́вильно. |
| Вы пра́вы. (Ты прав, -а́.) | Вы непра́вы. (Ты непра́в, -а́.) |
| Я согла́сен (согла́сна) с ва́ми (с тобо́й). | Я не согла́сен (не согла́сна) с ва́ми (с тобо́й). |
| Это так. | Это не так. |
| Я не **про́тив** (этого). | Я про́тив (этого). |
| Я того́ же мне́ния. | Я друго́го мне́ния. |

**16** Äußern Sie Ihre Meinung zu den folgenden Aussagen.

1. Каждый здоровый человек занимается спортом.
2. Лёгкая атлетика – самый **поле́зный** для здоровья вид спорта.
3. Активный отдых интереснее и полезнее пассивного отдыха.
4. Лучше смотреть спортивные передачи по телевизору, чем ходить на стадион.

**17** Прочитайте текст со словарём.

### ФУТБОЛ ИЛИ ДРУЖБА?

Школа имени Гагарина готовилась к матчу на первенство школ города по футболу. В прошлом году команда этой школы заняла́ первое место среди́ школьных футбольных команд. В этом году она тоже выиграла все встречи. **Оста́лась** последняя.

Конечно, все **наде́ялись** выиграть и в этот раз. Но ребята **заме́тили**, что вратарь команды Воло́дя Кузнецо́в – всегда весёлый и энергичный – уже три дня почти ни с кем не разговаривает, стал невнима́тельным, а на последней трениро́вке пропусти́л в свои ворота три мяча. Но другого вратаря, который играл бы так же хорошо, как Володя, в школе не было. А Володя был очень несча́стлив. Три дня назад его подруга Зи́на сказала ему: «Я очень недово́льна, Володя. Тренировки и соревнования занимают у тебя сли́шком много времени. А со мной ты почти не бываешь. Решай, что для тебя ва́жнее – я или спорт». Но для Володи было важно и то, и другое.

Стоя в воротах, он всё время думал о Зине. Он совсе́м забыл об игре́. И ...

**18** Ответьте на вопросы к тексту «Футбол или дружба?».

Что вы думаете о словах Зины? Что бы сделали вы на месте Володи? Придумайте конец рассказа.

**19** Прочитайте со словарём.

С каким мнением вы согласны, с каким нет?
Что вы думаете о спорте?
– О, спорт, ты мир! – говорят поли́тики.
– О, спорт, ты ра́дость! – считают боле́льщики.
– О, спорт, ты труд! – признаются спортсмены.
– О, спорт, ты – уби́йство! – думают неспортивные люди.

финиш

**20** Напишите письмо вашему другу (вашей подруге). **Сообщи́те** в нём о том, какую роль играет спорт в вашей жизни.

## Спорт – какую роль он должен играть?

**21** Запомните.

*„Müssen" als moralische Verpflichtung*

| | |
|---|---|
| он должен<br>он<u>а</u> должн<u>а</u><br>он<u>и</u> должн<u>ы</u> | тренироваться |

↗ KRS 264.1

**22** Переведите.

Скоро в нашем районном центре состоятся соревнования по лёгкой атлетике. Спортсмены нашей школы должны будут участвовать в этих соревнованиях.

В последнее время мы должны были тренироваться каждый день. Наш тренер должен был помочь также спортсменам другой школы. Группа наших спортсменов должна была пойти в поход по горам Кавказа во время каникул. Этот поход был частью нашей тренировки.

**23** Verleihen Sie den nachfolgenden Sätzen Nachdruck, indem Sie die entsprechenden Formen von должен verwenden.

Ⓜ Я тренируюсь каждый день.
Я должен (должна) тренироваться каждый день.
Я должен (должна) буду тренироваться каждый день.
Я должен (должна) был(-а) тренироваться каждый день.

Наш класс организовал поход в горы.
Мы хорошо **подгото́вились** к этому путешествию.
Мы регулярно тренировались, занимались гимнастикой, бегом и плаванием.
После каникул наш гид (Wanderleiter) расскажет вам о нашем походе.

**24** Lesen Sie folgende Wörter (laut) und versuchen Sie, die deutsche Bedeutung vom Klangbild her zu erschließen:
олимпи́йский, чемпио́н (см. чемпиона́т), пирами́да, ма́ссовый спорт, органи́зм, интенси́вность, профессиона́льная ли́га, экспериме́нт, спекта́кль, физи́ческий, оптима́льный, тре́нер, профессионали́зм.

Versuchen Sie, durch den Vergleich mit bereits bekannten Wörtern die Bedeutung folgender Wörter zu erschließen:

| | |
|---|---|
| ча́ще | – *Komp. zu* часто |
| учёба | – учиться |
| заня́тие | – заниматься |
| приме́р | – например |
| до́лгий *(Adj.)* | – долго *(Adv.)* |
| основа́ние | – основать *v.* |
| оздорови́тельный | – оздорови́ть: сделать здоровым |
| ход | – ходить |
| зна́ние | – знать |
| опла́чена | – *Part. zu* оплатить *v.* (*ср.* платить) |

Сравните:

| | |
|---|---|
| увлека́ть(-ся) | (sich) fortreißen, in Begeisterung versetzen (lassen) |
| отвлека́ть(-ся) | (sich) ablenken, abbringen (lassen) |
| привлека́ть(-ся) | (sich) heranziehen, anziehen (lassen) |
| привлече́ние | Heranziehen |

**25** Об этом можно спорить.

Нужны ли спорту высшие достижения[1]?

В последнее время всё чаще ста́вят[2] вопросы: « Заче́м[3] и кому нужны **вы́сшие достиже́ния** в спорте? Во имя чего[4] тысячи людей отвлекаются от учёбы и работы?»

Когда в конце прошлого века родилось олимпийское движе́ние[5], ответы были я́сны[6]: занятия спортом укрепля́ют[7] здоровье человека, а каждый чемпион своим приме́ром[8] привлекает к занятиям спортом тысячи людей. Долгие годы в газетах и журналах спорт изобража́лся в виде[9] пирамиды, основание которой – массовый спорт, а её верши́на[10] – высшие достижения.

[1] Spitzenleistungen
[2] man stellt
[3] wozu
[4] in wessen Namen
[5] Bewegung
[6] klar [7] stärken
[8] durch sein Beispiel
[9] wurde dargestellt in Form
[10] hier: Spitze

Но все знают, что высшие спортивные достижения никакого оздоровительного влияния на организм не имеют. Интенсивность нагру́зок[11] так велика, что человек, который 5–6 лет выступа́л[12] в сборных командах страны, должен потом отправиться на долгое лече́ние[13].

Может быть, большой спорт нужен для привлечения масс к физкультуре?

Может быть, спорт – это спектакль, принося́щий больши́е де́ньги[14], как говорят руководители профессиональных лиг?

Может быть, это эксперимент, в ходе которого хотят найти грани́цы[15] физических возмо́жностей[16] человека, оптимальные пути́[17] их реализации?

Если это так, то можно ответить на вопрос, для чего тру́дятся[18] спортсмены, для чего работают тренеры, врачи, нау́чные работники[19]. «Для того, ради чего[20] Амундсен шёл к по́люсу[21], Гагарин летел в ко́смос – ради расшире́ния[22] знаний человека о себе́[23]».

Если это так, можно решить вопрос о профессионализме и люби́тельстве: «Высшие достижения – это работа, работа ва́жная[24], и она должна быть оплачена».

(По журналу: «Спутник»)

[11] Belastung
[12] hier: war
[13] Behandlung
[14] …, das das große Geld bringt
[15] Grenzen finden
[16] Möglichkeiten
[17] Wege
[18] sich mühen
[19] wissenschaftliche Mitarbeiter
[20] dafür, weswegen
[21] Nordpol
[22] für die Erweiterung
[23] über sich
[24] wichtig

**26** Прочитайте текст. Значение выделенных слов вы поймёте без словаря.
Переведите текст, начиная с абзаца «В 1881 году в Москве …»

Из истории художественной гимнастики

Гимнастика! Нет сейчас такой *системы физического* воспитания, такого вида спорта, где не применя́лись бы упражнения из её богатейшего[1] *арсенала. Сего́дняшние любители* спорта знают гимнастику спортивную, *художественную и акробатику.*

В 1881 году по *инициативе президента Бельгийской* гимнастической *ассоциа́ции* Н. Купери́са в Лье́же[2] была создана́ *Европейская гимнастическая ассоциация,* объедини́вшая представи́телей трёх государств –

[1] sehr reichen [2] Lüttich

*Бе́льгии, Нидерла́ндов и Фра́нции.* Состав её членов быстро *увели́чивался.* В 1897 году эта *Европейская ассоциация реорганизовалась в Междунаро́дную федерацию гимнастики* (ФИЖ). Сейчас ФИЖ *объединяет национальные федерации* 88 стран мира.

В 1881 году в Москве было создано «Русское гимнастическое общество». Одним из его *организа́торов*, а позже и председа́телем его был известный *писатель*, первый русский *спортивный журнали́ст* В. Гиляро́вский – *а́втор популя́рной* книги «Москва и москвичи́». Среди *основателей* общества были братья Че́ховы: Никола́й и Анто́н.

В 1885 году «Русское гимнастическое общество» *организовало* в Москве первые в России соревнования по спортивной гимнастике, которые проводились затем в 1886, 1888 и 1892 годах.

Федерация гимнастики СССР была принята в ФИЖ в 1949 году.

**27** Berichten Sie auf der Grundlage des Textes über die Gründung und Entwicklung der FIG (Fédération Internationale Gymnastique). Wer gehörte zu den Gründern der «Russischen Gesellschaft für Gymnastik»?

**28** Выучите новые слова.

| | | |
|---|---|---|
| тури́стская ба́за | Jugendherberge | |
| найти́/нахо́дить (↗ KRS 222) | finden | Ты нашёл мяч? |
| ко́нчиться/конча́ться | zu Ende gehen; aufhören | соревнования кончились |
| отдохну́ть/отдыха́ть | ausruhen, sich erholen | Мы хорошо отдохнули. |
| отличи́ться/отлича́ться* *от кого? от чего? (чем?)* | sich unterscheiden (durch …) | ничем не отличаться от … |

| | | |
|---|---|---|
| реши́ть/реша́ть | entscheiden, beschließen; lösen | решить проблему; решить поехать на юг |
| никако́й | kein | |
| никто́ | niemand | Мы никого не видели. |
| ничто́ | nichts | Мы ничего не видели. |
| --- | --- | --- |
| игра́ | Spiel | |
| чемпиона́т | Meisterschaft | чемпионат мира |
| поле́зный | nützlich | |
| вы́играть/выи́грывать | gewinnen | выиграть со счётом 5:1 |
| гото́виться *к чему?* | sich vorbereiten | готовиться к уроку |
| заме́тить/замеча́ть | merken, bemerken | |
| наде́яться *на кого? что?* | hoffen auf | Наде́юсь, что … |
| оста́ться/остава́ться (↗ KRS 222) | bleiben | Мы останемся дома. |
| проигра́ть/прои́грывать | verlieren | проиграть со счётом 1:5 |
| сообщи́ть/сообща́ть | mitteilen | |
| вничью́* | unentschieden | Игра закончилась вничью. |
| регуля́рно | regelmäßig | |
| прав, -а́; -ы | recht haben | Он прав. |
| про́тив | gegen | Я не против. |
| --- | --- | --- |
| вы́сшее достиже́ние* | Höchstleistung | |
| подгото́виться *v. к чему?* | sich vorbereiten auf | |
| до́лжен, -на́, -но́; -ны́ | müssen | |

## Мимоходом

Кинозвездочёт

9

Цифра «9» – знак покрови́тельства, защи́ты.

Человек, рождённый под этой цифрой, великоду́шен, забо́тлив, словом, типи́чный Жан Габе́н.

У «девятки» есть и другой отте́нок смы́сла – изоля́ция и отгоро́женность от общества. Иногда и от противопоставле́ния себя окружающим, как у Брижи́т Бардо́.

А бывает, что они любят маскиро́вку – вспомните двойны́е женско-мужски́е роли Дже́ка Ле́ммона в фильме «В джазе только девушки» и Да́стина Хо́фмана в «Ту́тси». «Девятки» могут встать на голову и преврати́ться в «шестёрку». Полезное качество.

*

Че́рти предложили а́нгелам сыграть в футбол.

– Мы согласны, – ответили ангелы, – тем более, что самые лучшие игроки́ находятся у нас ...

– Возможно, – ответили черти, – зато все су́дьи наши ...

9

# Вы любите слушать музыку?

## Музыка в моей жизни

**1** Прочитайте сочинение, которое написала 15-летняя девушка, и ответьте на вопрос.

**Почему эта девушка теперь любит слушать не только современную, но и классúческую музыку?**

Встреча с Моцартом

**Во время летних каникул я смотрела фильм о жизни композитора Моцарта «Амадей». Этот фильм мне очень понравился. После каникул в нашу школу поступил мальчик, который прекрасно играл на фортепьяно. Он был похóж на Амадея из фильма и девушки влюбились[1] в него. Но особенно большое влияние оказала эта встреча на меня. Я началá слушать не только современную, но и классическую музыку.**

(По журналу: «Русский язык за рубежом»)

[1] ср. любить

**2** Какую музыку вы любите? Под какую музыку вы танцуете?

Welche Musikrichtung gefällt Ihnen?

| | |
|---|---|
| Beatmusik | бит-му́зыка |
| Rockmusik | рок-му́зыка |
| | рок-н-ро́лл |
| | ха́рд-рок |
| Popmusik | поп-му́зыка |
| Blues | блюз |
| Countrymusic | ка́нтри |
| Reggae | рэ́гей |
| Volksmusik | наро́дная му́зыка |
| Jazz | джа́зовая му́зыка |
| klassische Musik | класси́ческая му́зыка |
| Oper | о́пера |
| Operette | опере́тта |
| Musical | мю́зикл |
| Sinfonie | симфо́ния |
| Ballett | бале́т |

Tänze für alt und jung – welche Tänze mögen Sie?

ча-ча-ча́, ру́мба, са́мба, ма́мбо, ламба́да, рок-н-ро́лл, твист, буги-ву́ги, фокстро́т, по́лька, вальс, мазу́рка, чарльсто́н, полоне́з, та́нго, рейнле́ндер.

**3** *So können Sie ausdrücken, daß Ihnen etwas (nicht) gefällt.*

Я (не) люблю (*что*?)
Я (не) увлекаюсь (*чем*?)
Я (не) интересуюсь (*чем*?)
Мне (не) нравится (*что*?)
Мне скучно.

Какая прекрасная музыка!
Какой ритм!
Какая красивая мелодия!
Прекрасно!

Музыка *(что?)* **произво́дит** (произвела́) на меня большое (глубо́кое) **впечатле́ние**.

финиш

**4** Sagen Sie,
- daß Sie sich sehr (besonders; nicht) für Musik interessieren,
- welche Art von Musik Sie bevorzugen und was Ihnen besonders daran gefällt,
- welche Art von Musik Sie nicht mögen,
- daß Sie besonders beeindruckt sind von der Musik des Komponisten ...,
- daß Sie sich sowohl für klassische als auch für Popmusik interessieren,
- daß Sie oft Musik (welche?) hören.

**5** Какая звукова́я те́хника у вас есть?
Какую звуковую технику вы хотели бы купить?

Wählen Sie aus diesem Angebot aus.

| | |
|---|---|
| Radio | ра́дио, радиоприёмник |
| Plattenspieler | прои́грыватель |
| Schallplatte | пласти́нка, диск |
| Tonbandgerät | магнитофо́н |
| Tonband | ле́нта |
| Kassettenrecorder | кассе́тный магнитофо́н, рекóрдер |
| Stereokassettenrecorder | стереокассе́тник |
| Kassette | кассе́та |
| Kopfhörer | нау́шники |
| Walkman | пле́йер |
| CD-Player | прои́грыватель компа́ктных ди́сков |
| Videogerät | видеомагнитофо́н |

Wie man die Tontechnik nutzen kann.

| | |
|---|---|
| einschalten | включи́ть/включа́ть ра́дио (пле́йер, ...)<br>Включи́ ...! |
| ausschalten | вы́ключить/выключа́ть прои́грыватель (стереокассе́тник, ...)<br>Вы́ключи ...! |

| | |
|---|---|
| hören | слу́шать по ра́дио (через магнитофо́н, ...) |
| Platte auflegen | поста́вить *v.* пласти́нку (с поп-му́зыкой) |
| | Поста́вь(-те) ...! |
| aufnehmen | записа́ть/запи́сывать |
| | *что?* музыку люби́мой гру́ппы (люби́мого певца́, люби́мой певи́цы) |
| | *с чего?* с радиоприёмника |
| | *на что?* на кассе́ту |
| | Запиши́ ...! |
| überspielen | переда́ть/передава́ть за́пись по трансля́ции |
| | Переда́й ...! |
| abspielen | проигра́ть/прои́грывать *что*? |
| | *с чего?* со стереокассе́тника |
| | Проигра́й ...! |
| löschen | стере́ть/стира́ть *что*? |
| | Сотри́ ...! |

**6** Fragen Sie Ihren Gesprächspartner,
– ob er einen Kassettenrecorder (Walkman, ... ) hat,
– ob er das Lied von ... aufgenommen hat,
– ob er für Sie das Lied von ... überspielen kann.
Bitten Sie Ihren Gesprächspartner,
– den ... einzuschalten,
– eine Platte mit ... aufzulegen,
– das Lied von ... vorzuspielen und zu überspielen,
– daß er ... löscht.

Вы любите Джо́на, Джо́рджа, По́ла и Ри́нго?
Попробуйте узнать их песни.

Пенни Ле́йн
Пусть будет так
Вечер тру́дного дня
Скажи мне, почему
Любо́вь нельзя́ купить.

**7** Вставьте в диалоги слова: слушай, скажи, знаешь; кажется, по-моему; с удовольствием, обязательно.

А – Нина, я хочу пригласить тебя на мюзикл «Ко́шка».
Б – На мю́зикл «Кошка»? Спасибо, я люблю музыку Лло́йда Уе́ббера. Я… пойду.

А – Я предлагаю пойти на оперу.
Б – На оперу? Ой, мне скучно слушать оперы!
А – Это, …, рок-опера.
Б – На рок-оперу я… пойду! Я уже видела «Джорда́но». В этой опере главную роль исполняет Вале́рий Лео́нтьев.

А – Саша, …, у меня есть билеты на концерт для фортепьяно. Хочешь пойти со мной?
Б – Концерт для фортепьяно? Не хочу. Это, …, классическая музыка. Я не люблю её.
А – …, ты ничего не любишь, кроме своего спорта.
Б – А ты? Ты любишь спорт? …, каким видом спорта ты занимаешься? …, спорт – это самое интересное. Когда ты последний раз смотрел футбольный матч? …, пойдём со мной на стадион, и тогда я пойду с тобой на концерт. **Договори́лись**?
А – Договорились.

**8** Прочитайте по ролям.

Хочешь пойти на балет?

А – Аня, ты увлекаешься музыкой?
Б – Конечно. Ты же знаешь, что я пою в хоре и играю на гитаре.
А – Знаю, знаю. А ходить на концерты тоже любишь?
Б – Люблю. Мне очень нравится современная музыка. Я с удовольствием хожу на концерты моих любимых певцов и групп. А дома также часто слушаю радио, кассеты, пластинки. У меня есть магнитофон, я записываю музыку. Почему ты спрашиваешь?

А – Хочу пригласить тебя на концерт классической музыки.
Б – Ой, классическая музыка мне не очень нравится. Мне ску́чно слушать **таки́е** концерты.
А – Знаешь, раньше мне тоже скучно было. А потом я начала́ с родителями ходить на концерты Моцарта, Баха, Бетховена, **полюби́ла** их произведения. А в воскресенье на балет пойдёшь?
Б – Балет – это другое дело. Балет мне нравится, потому что в нём есть и музыка, и танцы. И нет скучных арий. А что это за балет?
А – «Гаянэ́». Ты, наверно, уже слышала музыку к «Та́нцу с са́блями?»
Б – «Танец с саблями?» Какая прекрасная музыка! Какой ритм! Эту музыку я люблю. По-моему, этот балет написал Хачатуря́н, правда?
А – Да, ты права́.
Б – Договорились, я с удовольствием пойду.

**9** Gestalten Sie Dialoge nach dem Muster der Übungen 7 und 8. Wiederholen Sie anhand dieser Übungen, wie Sie
– bei Ihrem Gesprächspartner Aufmerksamkeit erwecken,
– eine Vermutung ausdrücken,
– etwas werten können.
(↗ Ratschläge …)

ФИНИШ

**10** Переведите.

Какие билеты можно **доста́ть**?

билет
- на оперу, на балет,
- в кино, …
- в Большой театр, в театр «Ромэ́н», …
- на субботу, на понедельник, …
- на первое августа
- на **вече́рнее (дневно́е, у́треннее) представле́ние**
- в десятый **ряд**
- в **парте́р**
- на **я́рус**, на балкон
- за … рубля (рублей)

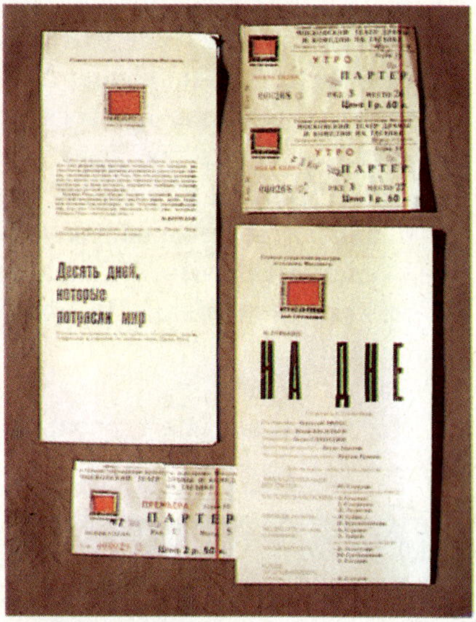


**11** Прочитайте диалоги про себя, потом по ролям.

Как достать билеты в Большой театр

А – Знаешь, я очень хотел бы побывать в Большом театре.

Б – К сожалению, это очень **тру́дно. Люби́телей** Большого театра много, и часто все билеты про́даны.

А – Очень жаль! А что делать?

Б – Советую тебе пойти в театр перед **нача́лом** представления. Может быть, тебе **повезёт** с **ли́шним** билетом.

А – Что значит «лишний» билет?

Б – Если у человека есть билет, который ему не нужен, тогда он у него «лишний».

*

У **театра́льной** кассы

А – Есть ещё билеты на сегодня?

Б – Есть. В театр «Ромэ́н», в театр на Тага́нке…

А – А в Большой театр?

Б – Да, есть ещё два билета.

А – Как нам повезло! Скажите, что сегодня идёт в Большом театре?

Б – Опера «Ива́н Суса́нин».
А – Прекрасно. А когда начинается представление?
Б – В 20 часов.
А – Места хорошие?
Б – Первый ряд, второй ярус.
А – Прекрасные места, я их возьму.
Б – Пожалуйста, … рублей.
А – Пожалуйста.

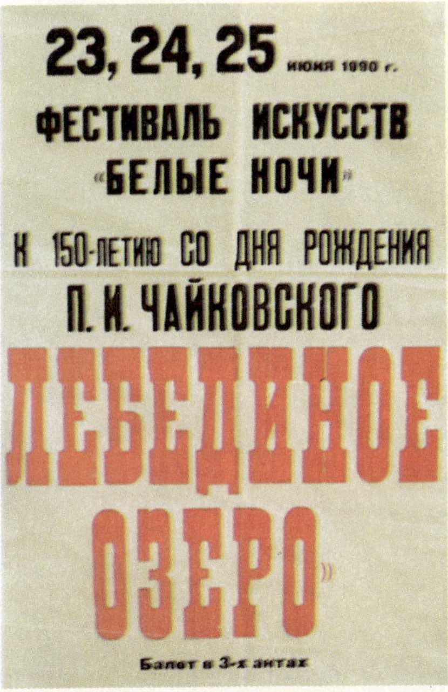

**12** Составьте такие же диалоги у театральной кассы.

**13** In den Konzertsälen und Opernhäusern kann man in der Sowjetunion neben den Werken russischer und sowjetischer Komponisten auch die namhafter ausländischer Komponisten hören. Lesen Sie die Namen der Komponisten. Wie heißen die Werke auf deutsch?

| | |
|---|---|
| Иоганн Себастьян Бах: | «Стра́сти по Матфе́ю» |
| | «Кофе́йная канта́та» |
| Людвиг ван Бетховен: | «Лу́нная» |
| Франц Шуберт: | «Неоко́нченная» |
| Вольфганг Амадей Моцарт: | «Волше́бная фле́йта» |
| Джакомо Мейербер: | «Гугено́ты» |
| Жорж Бизе: | «Карме́н» |
| Рихард Вагнер: | «Лету́чий голла́ндец» |
| | «Кольцо́ нибелу́нга» |
| Карл Мария фон Вебер: | «Фре́йшютц» |
| Бедржих Сметана: | «Про́данная неве́ста» |
| | «Моя ро́дина» |
| Иоганн Штраус: | «Лету́чая мышь» |
| | «Ве́нская кровь» |
| Руджеро Леонкавалло: | «Пая́цы» |
| Эдвард Григ: | «Пер Гюнт» |
| Джакомо Пуччини: | «Боге́ма» |

Wie man sich noch mit Musik beschäftigen kann.

| | | |
|---|---|---|
| петь *в чём?* | Chor | хор |
| | Singegruppe | вока́льный анса́мбль |
| играть *в чём?* | Orchester | орке́стр |
| | Band | анса́мбль |
| *на чём?* | Gitarre | гита́ра |
| | Elektrogitarre | электрогита́ра |
| | Klavier | пиани́но |
| | Geige | скри́пка |
| | Schlagzeug | уда́рные инстру-ме́нты |
| | Synthesizer | синтеза́тор |
| | Saxophon | саксофо́н |

**14** Bereiten Sie ein Gespräch über Musikinteressen vor. Lesen Sie noch einmal aufmerksam das Lernverfahren. (↗ Ratschläge ...) ФИНИШ

Überlegen Sie,

| was Sie mitteilen wollen, z. B. | was Sie erfahren wollen, z. B. |
|---|---|
| – welche Musik Sie mögen; | – welche Musik Ihr Gesprächspartner mag; |
| – welchen Sänger (Gruppe, Komponisten) Sie besonders mögen; | – welchen Sänger (Gruppe, Komponisten) Ihr Gesprächspartner besonders mag; |
| – welche Phonotechnik Sie besitzen bzw. benutzen; | – welche Phonotechnik Ihr Gesprächspartner besitzt (benutzt); |
| – welche Musikveranstaltungen Sie besonders gern besuchen; | – welche Musikveranstaltungen Ihr Gesprächspartner besonders gern besucht; |
| – welche sowjetischen (russischen) Komponisten (Musiker) Sie kennen; | – welche deutschen Komponisten (Musiker) Ihr Gesprächspartner kennt; |
| – daß Sie selbst ein Musikinstrument spielen oder singen. | – ob Ihr Gesprächspartner ein Musikinstrument spielt oder ob er singt. |

**15** Übertragen Sie sinngemäß ins Russische.

Mein Interesse gilt nicht nur dem Sport, sondern auch der Musik. Ich singe gern, spiele ein Instrument (welches?) und höre mit Begeisterung die Platten meiner Lieblingssänger und -gruppen. Ich besitze einen Recorder und überspiele oft Musik auf Kassetten. Mit Freunden gehe ich gern zur Disko, aber auch in Konzerte unserer Lieblingsgruppen. Manchmal besuche ich mit meinen Eltern auch Konzerte klassischer Musik.

## Из жизни известных композиторов

**16** Переведите и запомните.

| | | |
|---|---|---|
| опере́тты<br>И. О. Дуна́евского<br>песни<br>В. Высо́цкого<br>памятник<br>Л. Н. Толсто́му<br>↗ KRS 61 | музыка<br>А. П. Бородина́<br>произведения<br>С. С. Проко́фьева<br>вальс<br>А. К. Глазуно́ва<br>↗ KRS 53 | музыка<br>М. И. Гли́нки<br>концерты<br>Рут Цехли́н<br>песни<br>Б. Окуджа́вы<br>↗ KRS 57 |

**17** Прочитайте текст со словарём.

В Москве стоит памятник первопеча́тнику Ива́ну Фёдорову. Он напеча́тал (druckte) первую русскую книгу в Москве в 1564 году при царе Ива́не Гро́зном. Здесь в 1708 году вы́шли первые книги, напеча́танные новым шрифтом, введённым (eingeführt) Петро́м Первым.

В Москве родились А. С. Пу́шкин и М. Ю. Ле́рмонтов, Ф. М. Достое́вский, А. Н. Остро́вский. Гуля́я по Москве, вы увидите памятники этим писателям – памятник А. С. Пушкину на Пу́шкинской площади, памятник В. В. Маяко́вскому на площади В. В. Маяковского, памятник Н. В. Го́голю на Гоголевском бульва́ре...

Если хотите знать, как люди жили во времена Толсто́го и Пушкина, тогда идите на Арба́т. Здесь находится дом-музей А. С. Пушкина.

В этой части Москвы находится улица Воро́вского. Наверно, вы читали роман «Война и мир», напи́санный Л. Н. Толсты́м и хорошо знаете герои́ню этого романа Ната́шу Росто́ву. Дом Росто́вых – на этой улице.

На Арбате жила и Маргарита – герои́ня романа М. Булга́кова «Ма́стер и Маргари́та».

Об Арбате написаны хорошие песни, рассказы. Но, наверное, самым «арбатским» из современных поэтов можно назвать Була́та Окуджа́ву. Многие его стихотворения и песни рассказывают об Арбате. Он поёт о своём времени и о себе.

## И дожить – не успел, и допеть – не успеть...

ПЕСНЯ О ДРУГЕ (В. Высоцкий)

Lied über den Freund

Если друг оказа́лся вдруг
и не дру́г и не вра́г, а – так...
Если сра́зу не разберёшь,
плох он и́ли хоро́ш, –
па́рня в го́ры тяни́ – рискни́!
Не броса́й одного́ его́!
Пусть он в свя́зке одно́й с тобой –
там поймёшь, кто тако́й.

Wenn der Freund auf einmal
weder Freund noch Feind ist,
sondern halt so ...
Wenn du nicht gleich verstehst,
ist er gut oder schlecht, –
zieh den Burschen in die Berge – riskier's!
Laß ihn nicht im Stich!
Soll er an einem Seil mit dir sein –
dann verstehst du, wer er ist.

Если па́рень в гора́х – не ах,
е́сли сра́зу раски́с и – вниз,
шаг ступи́л на ледни́к и – сник,
оступи́лся – и в крик, –
зна́чит ря́дом с тобо́й – чужо́й.
Ты его́ не брани́ – гони́:
вверх таки́х не беру́т, и тут
про таки́х не пою́т.

Fehlt dem Burschen in den Bergen der Mumm,
macht er gleich schlapp und will zurück,
betritt er das Eis und verliert den Mut,
stolpert er und schreit –
Dann hast du einen Fremden neben dir.
Schimpf nicht, jag ihn davon.
Solche nimmt man nicht mit
hinauf, und hier
singt man über so einen nicht.

Если же он не скули́л, не ны́л,
е́сли хмур был и зол, но – шёл,
а когда́ ты упа́л со ска́л,
он стона́л, но – держа́л;
е́сли шёл за тобо́й, как в бой,
на верши́не стоя́л, хмельно́й, –
значи́т, как на себя́ самого́,
положи́сь на него́.

Wenn er nicht jammerte, nicht nörgelte,
wenn er düster und böse war, doch weiterging,
und als du von den Felsen abstürztest,
stöhnte, aber festhielt;
wenn er dir folgte wie in den Kampf,
auf der Bergesspitze stand, berauscht,
so heißt das, du darfst dich auf ihn
wie auf dich selbst verlassen.

**18** Lesen Sie nachstehende Wörter laut und erschließen Sie vom Klangbild her die deutsche Bedeutung.

Га́млет, Го́лливуд, Ме́ксика, Таи́ти;
а́втор, **актёр**, гастро́ли, киноарти́ст, популя́рность, пре́сса, про́за, роль, сцена́рий, тала́нтливый.

**19** Ordnen Sie folgende Wörter nach dem Alphabet. Suchen Sie die deutsche Bedeutung aus dem Wörterbuch heraus.

Bei den mit + gekennzeichneten Wörtern achten Sie bei der Wiedergabe sorgfältig auf den Sinnzusammenhang.
судьба́, молча́ть, происходи́ть⁺, исполни́тель⁺, во́здух, стреми́ться, прожи́ть/прожива́ть⁺.

**20** Прочитайте текст и ответьте на вопросы.

Worin bestand die Vielseitigkeit des Künstlers?
Welchen Inhalt haben seine Lieder?
Wie stellt seine Frau Marina Vlady Wyssozkis Einstellung zu seiner Heimat dar? Übersetzen Sie das Zitat.
Warum hat Wyssozki eine so große Popularität, besonders unter der sowjetischen Jugend, erreicht?

## КЕМ БЫЛ ВЛАДИМИР ВЫСОЦКИЙ?

Кем был Владимир Высоцкий? Актёром театра? Автором, исполни́телем песен (он написал более 600 песен)? Киноартистом? Писателем (оста́лись его проза, сцена́рии, ска́зки)?
Вспоминаю наши гастро́ли на Ка́мском автомобильном заводе в Тата́рии. Мы шли тогда по очень длинной улице к гостинице. Было жарко, все окна были открыты. И изо всех окон громко **звуча́ли** песни Высоцкого...
Да, популя́рность Высоцкого **огро́мна**. Его песни (его стихи, которые он пел под гитару) звучат в каждом доме. Молодёжь их любит. За что его так любят?
Высоцкий на всё, что происходило в **о́бществе**, смотрел всегда критически. Главная **мысль** его песен: человек всегда должен быть досто́йным, свободным, добрым, честным, справедливым, готовым прийти на помощь. Он всегда помогал, даже если помочь было очень трудно.

Высоцкий был и талантливым актёром, много играл в театре и в кино. Одна из лучших его ролей – Гамлет. Её он не «сыграл» – «прожил». Так же, как «проживал» все свои песни.

Он жил очень динами́чно, много работал, часто ездил по свету. «Мы побывали и в Ме́ксике, и на Таи́ти, и в Хо́лливуде, – вспоминает его жена, французская **актри́са** Мари́на Вла́ди. – Но после 2–3 недель Володю тянуло домой. Ему хотелось слышать родной язык – ему он нужен был, как воздух».

Высоцкий **у́мер** 25 июля 1980 года **в во́зрасте** 42 лет. Миллионные тиражи пластинок с за́писями его песен, книги стихов, воспоминания о нём появились только после его смерти, во время перестройки. Но вся страна знала, собирала и слушала песни Высоцкого уже при его жизни. В них он рассказывал людям о том, о чём молчала пресса, не писали школьные учебники. От него молодёжь узнавала о том времени, которое мы сейчас называем стагна́цией. Чтобы понять Высоцкого, надо знать судьбу его страны.

(По журналу: «Спутник»)

О Володе Высоцком я песню
придумать хотел,
Но дрожала рука и мотив со
стихом не сходился …

(Б. Окуджава)

## 9

# Да здравствует солнце, Да скроется тьма!

**21** Прочитайте текст. Выделенные слова вы поймёте без словаря.

МИХАИЛ ИВАНОВИЧ ГЛИНКА (1804–1857)

20 мая 1804 года в селе́[1] Новоспа́сском *Смоле́нской губе́рнии* в доме дворяни́на Ива́на Никола́евича Гли́нки родился мальчик – Михаи́л.

Первые *музыкальные* впечатле́ния мальчика свя́заны[2] с русской природой. В саду поют птицы. По всему селу слышится звон новоспасских колоколо́в. На дворе́ крестьянские девушки поют за работой. А в зимние вечера́ любит Миша слушать сказки и песни своей ня́ни.

Сильным увлече́нием[3] мальчика стал *оркестр*, состоя́вший из крепостны́х *музыкантов.* Об этом написал М. И. Глинка в своих воспомина́ниях[4]: «Оркестр моего дяди был для меня исто́чником самых живы́х восто́ргов ... Может быть, эти песни, слы́шанные мною в ребя́честве[5], были причи́ною того[6], что впосле́дствии я стал *разраба́тывать наро́дную русскую музыку*».

В 14 лет Глинка стал учеником *Петербу́ргского панcио́на* при *Педагоги́ческом институте. Воспита́телем* Глинки был *поэт, литератор, будущий революционер-декабрист* В. К. Кюхельбе́кер, после собы́тий 14 декабря 1825 года со́сланный[7] на ка́торгу в Сибирь. Он *знакомит* Глинку с А. С. Пушкиным. В обще́нии с *поэзией*, музыкой, в спо́рах[8] о *литературе, политике* учится мы́слить[9] и чувствовать будущий композитор. К лучшим произведениям Глинки принадлежа́т *романсы* на стихи А. С. Пушкина. Его *вока́льная ли́рика* положила нача́ло[10] *классическому романсу.*

К работе над оперой Глинка впервы́е обраща́ется в 1834 году, после возвраще́ния из *Ита́лии* и *Герма́нии.* В 1836 году в Петербурге была поста́влена его опера «Жизнь за царя́» («Ива́н Суса́нин») – первая

[1] в деревне
[2] ср. связать/связывать
[3] ср. увлекаться
[4] ср. вспомнить/вспоминать
[5] die ich in der Kindheit hörte
[6] waren der Grund dafür
[7] der verbannt worden ist
[8] ср. спорить
[9] denken
[10] Subst., ср. начинаться

*класси́ческая* русская опера. Она рассказывает о по́двиге крестьянина Ивана Сусанина, который в 1613 году пожертвовал жизнью во имя Родины. Заведя́ враго́в в непроходи́мые леса[11], он принимает смерть, но вместе с ним ги́бнут и враги́.

[11] nachdem er die Feinde in undurchdringliche Wälder geführt hatte

В 1842 году Глинка закончил оперу по *моти́вам поэ́мы* А. С. Пушкина «Русла́н и Людми́ла».

В операх композитор показал *мело́ди́ческое* и *ритми́ческое* бога́тство музыки разных народов – *по́льские мело́дии, восто́чные мотивы* положили начало *интернациона́льной тради́ции* русской классической музыки. В 1856 году Глинка отправился в своё последнее путешествие с целью изучения тво́рчества *европе́йских мастеро́в.* Но из этой поездки не вернулся: он умер в Берлине в 1857 году. После смерти М. И. Глинки интерес к его музыке ещё больше уси́лился.

После́дователями Глинки называли себя композиторы «Могу́чей ку́чки»[12]. Глинка считается созда́телем русской классической музыки. В ней слы́шится *оптими́зм пу́шкинских* слов:

[12] „Mächtiges Häuflein“

«Да здра́вствует со́лнце,
Да скро́ется тьма!»

(По журналу: «Русский язык за рубежо́м»)

**22** Ответьте на вопросы.

Was beeinflußte die musische Erziehung Glinkas schon in der Kindheit?
Übersetzen Sie, was Glinka in seinen Erinnerungen geschrieben hat.
Welche Beziehungen hatte Glinka zu Puschkin?
Worin besteht der Reichtum in Glinkas Musik?
Warum bezeichnet man Glinka als den Schöpfer der russischen klassischen Musik?

**23** Выучите новые слова.

| | | |
|---|---|---|
| люби́тель | Liebhaber | любитель музыки |
| нача́ло | Anfang | перед началом, до начала, в начале |
| парте́р* | Parkett *(Theaterplatz)* | билет в партер, место в партере |
| представле́ние | Vorstellung | перед началом представления (в театре) иметь представление о Москве |
| ряд, *P.* -у́ | Reihe | сидеть в первом ряду |
| я́рус* | Rang | |
| вече́рний | Abend- *(in Zus.)* | вечерняя школа |
| дневно́й | Tages- *(in Zus.)* | |
| у́тренний | Morgen- *(in Zus.)* | утренняя газета |
| класси́ческий | klassisch | классическая музыка |
| ли́шний | überflüssig, überschüssig | лишний билет |
| похо́ж, -а; -и *на кого?* | ähnlich sein, ähneln, gleichen | Он похож на мать. Братья похожи. |
| тако́й | solche(r) | такая музыка |
| театра́льный | Theater- *(in Zus.)* | театральная касса |
| договори́ться *v.* *о чём?* | übereinkommen, verabreden | Вы договорились о встрече? |
| доста́ть/достава́ть (KRS ↗ 222) | erhalten, erwerben | достать билет в театр |
| нача́ть/начина́ть (KRS ↗ 222) | anfangen, beginnen | начинать письмо |
| полюби́ть *v.* *кого? что?* | liebgewinnen | С тех пор она полюбила его музыку. |
| (Мне) повезёт. | (Ich) werde Glück haben. | Может быть, тебе повезёт. |
| (Нам) повезло́. | (Wir) hatten Glück. | |
| произвести́/производи́ть впечатле́ние *на кого?* | Eindruck machen auf jemanden | Этот фильм произвёл на меня большое впечатление. |
| тру́дный | schwierig, schwer | |

| | | |
|---|---|---|
| компози́тор | Komponist | музыка композитора… |
| актёр* | Schauspieler | |
| актри́са* | Schauspielerin | |
| во́зраст* | Alter | в возрасте пяти лет |
| мысль* *f.* | Gedanke, Idee; Einfall | |
| о́бщество* | Gesellschaft | |
| огро́мный* | riesig | огромная страна |
| звуча́ть* | klingen, tönen | Из всех окон звучит музыка. |
| умере́ть* *v.* | sterben | |
| *Prät.* он (-а) у́мер (-ла́) | | |

## Для тех, кто любит музыку и искусство

О музыке

Могу́чая ку́чка – это группа композиторов, в которую входили Му́соргский, Ри́мский-Ко́рсаков, Бороди́н и другие. В основе их дружбы лежало единство убеждений, идей, стремление создавать произведения, глубоко́ народные по содержанию, своеобра́зные и новые по форме. Они мечтали продо́лжить дело Глинки.

М. П. Му́соргский (1839–1881)

написал романсы, песни и оперы «Бори́с Годуно́в», «Хова́нщина».

А. П. Бороди́н (1833–1887)

написал симфо́нии, симфони́ческие картины и оперу «Князь И́горь».

М. И. Гли́нка (1804–1857)

созда́тель русского музыкального языка,
написал романсы, увертю́ры, фанта́зии и оперы – «Ива́н Суса́нин», «Русла́н и Людми́ла».

Ч. А. Ри́мский-Ко́рсаков (1844–1904)

написал оперы «Садко́», «Снегу́рочка», «Золото́й Петушо́к», симфонии, симфонические картины.

Об иску́сстве

Передви́жники – прогресси́вное движение среди живопи́сцев. Это было первое смелое выступле́ние против дикта́торства самодержа́вия в искусстве. Члены Това́рищества устра́ивали ежегодно выставки. Выставки передвигались из города в город, получали очень большую популярность и народное признание.

И. Е. Ре́пин (1844–1930)

Запоро́жцы пишут письмо туре́цкому султану

В. И. Су́риков
(1848–1916)

Боя́рыня Моро́зова

В. М. Васнецо́в (1848–1926)

Алёнушка

И. И. Левита́н
(1861–1900)

Март

## Мимоходом

Кинозвездочёт

6

Рождённые под этой цифрой – исполнительные и ответственные. Они всё делают мастерски. Вспомните карма́нное воровство́ индийского «бродя́ги» Ра́джа Капу́ры или владение искусством разрушения Сильве́стера Сталло́не («Ро́кки»).

Кроме того, людей с цифрой «6» отличает редкая музыкальность. Капу́р, как помните, очень хорошо пел, Фред Асте́р уникально танцевал, а у Ла́йзы Мине́лли в равной степени вокальный и хореографический талант.

Наконец, «шесть» – это цифра любви и красоты. Её представительницы: «боги́ня любви» Гре́та Гарбо и Мише́ль Мерсье́.

*

Вы знаете звёзд из мира шоу-бизнеса?

Прочитайте их имена и фамилии:

Э́лвис Пре́сли, Билл Хе́йли, Джордж Майкл, Мадо́нна, Ти́на Тёрнер, Майкл Джа́ксон, У́до Ли́нденберг, Сти́ви Уа́ндер, Ху́берт Ка.

*

Несколько слов о «короле» рок-музыки Элвисе Пресли

Более 30 лет прошло со времени его дебюта, много лет певца уже нет в живых, а его все ещё помнят. Запись песни «Отель, где разбиваются сердца» заняла первые места сразу в трёх хит-парадах: белой музыки «кантри», негритя́нского ритм-энд-блюза и просто популярной музыки. Такого ещё не было.

Он так и не стал типичным продуктом «шоу-бизнеса»: прожил всю жизнь в провинциальном Ме́мфисе, дружил с друзьями детства и близкими родственниками, дал отправить себя на слу́жбу в а́рмию в Германию. Почти все 60-е годы

Пресли не концерти́ровал. В конце 60-х годов он снова стоял на сце́не со своим старым репертуа́ром, но молодые люди, воспи́танные на «Битлз», отнесли́сь к нему прохладно. В 1962 году он спел песню протеста против ра́совой сегрега́ции[1] «В гетто».

Можно сказать, что он этой песней первым доби́лся убедительного синтеза всех трёх составляющих рок-н-ролла: негритянского ритм-энд-блюза, сельской музыки «кантри» и эстрадного стиля. Слова песни прозвучали убеди́тельно.

Но Пресли будут помнить по его самым первым за́писям.

(По журналу: «Кругозор»)

[1] Rassentrennung

# 10

# Город на Неве

Люблю́ тебя́, Петра́ творе́нье,
Люблю́ твой стро́гий, стро́йный вид,
Невы́ держа́вное тече́нье,
Берегово́й её грани́т…

(А. С. Пушкин)

Санкт-Петербу́рг, Петроград, Ленингра́д, Санкт-Петербу́рг. Так называли город на севере России, в дельте реки Невы́. Город был основан Петром I в 1703 году. Прошли годы – и на боло́тистых берегах Невы, на её острова́х вырос прекрасный город, город белых ноче́й.

## Великий реформатор

**1** ЦАРЬ ПЁТР I

Преобразова́ния России в начале XVIII века были связаны с именем Петра I. Пётр I был настоя́щим русским богатырём – высокий, больше двух метров, здоровый, сильный, очень энергичный и умный. Он хорошо знал историю, математику, артиллерийское дело, кораблестроéние (Schiffbau). Он умел чинúть сложные механизмы, лечить зýбы ... «То акадéмик, то герой, то морепла́ватель, то плóтник», – писал о нём А. С. Пушкин.

Петръ I

Wie wird Zar Peter I. im Text charakterisiert?

**2** Запомните.

*Adverbialsätze des Zwecks*

С какой целью?

1. Царь Пётр I построил воéнный флот, чтóбы завоева́ть крепость Азов.
   ..., um die Festung Asow zu erobern.
2. Пётр I послал молодых людей в Западную Европу, чтобы они познакомились с жизнью в передовых европейских странах.
   ..., damit sie sich mit dem Leben in den fortgeschrittenen europäischen Ländern bekannt machen konnten.

↗ KRS 187.2

**3** Сравните и переведите. Запомните вы́деленные слова.

| | |
|---|---|
| государство | – **госуда́рственный**, государственные реформы |
| море | – **морскóй**, морской порт, морской флот |
| берег | – **побережье** Чёрного моря, курорты на побережье Чёрного моря |
| война | – **воéнный** морской флот |
| | – **вестú** войну – воевать со шведами – завоевать крепость |

развит – **разви́тие** промышленности (культуры, экономики)
делать – **де́ло**, военное дело, государственное дело
учить – **изуча́ть** математику в университете
любить – люби́мец. Пётр I любил Алекса́ндра Ме́ншикова. Алекса́ндр Ме́ншиков был любимец царя.

**4** РЕФОРМЫ ПЕТРА I

В XVII веке Россия далеко **отста́ла от** западноевропейских стран. Царь Пётр I понимал **необходи́мость** быстрого экономи́ческого и культу́рного развития России. Чтобы **доби́ться** этой **це́ли**, надо было провести реформы государственного управле́ния и оборо́ны страны.

В 1697 году Пётр I инко́гнито вместе со **спосо́бными** молодыми людьми отправился в Западную Европу. В Германии у пру́сского полко́вника Пётр изучал артиллерийское дело. В Голла́ндии и Англии он изучал морское дело, он работал просты́м плотником на верфи. России нужно было построить новые верфи, создать современный военный флот. Он осматривал фабрики, школы, интересовался медициной. В А́нглии **побыва́л** на заседа́нии парла́мента, осмотрел обсерваторию. Пётр I встречался с Г. Ле́йбницем, И. Нью́тоном и другими учёными, чтобы они рассказали ему о развитии в Европе.

В 1717 году он был и́збран почётным членом[1] Парижской Академии наук.

**Верну́вшись**[2] в Россию в 1698 году, Пётр I реши́тельно встаёт на **путь** реформ.

Пётр I был прекрасным организатором, талантливым полково́дцем и умным дипломатом. Он собирал способных инициативных молодых людей, чтобы они помогали ему успешно провести нужные для России реформы. **Среди́** них – любимец царя, сын ко́нюха, Алекса́ндр Дани́лович Ме́ншиков.

Великий реформатор России был представи́телем абсолютизма. Он ни перед чем не останавливался, чтобы доби́ться своих целей.

Россию он хотел видеть **передово́й** страной, а для этого нужно было получить вы́ход в море. Ситуация в то время была такая: Северный морской путь восемь месяцев в год был покры́т льдом[3], а северное побережье Чёрного моря принадлежа́ло Ту́рции. **Ва́жный** для страны выход в Балтийское море был оккупи́рован шве́дами.

[1] Ehrenmitglied [2] nachdem er zurückgekehrt war [3] mit Eis bedeckt

За выход к Балтийскому морю Пётр I вёл войну со шведами. Эта «Северная война» началась в 1700 году и **продолжáлась** 20 лет. Она закончилась победой над Швецией.

**5** Suchen Sie aus dem Text der Übung 4 die Sätze heraus, die чтобы enthalten, und übersetzen Sie diese.

**6** Beantworten Sie folgende Fragen:
- Warum besuchte Zar Peter I. gerade die Länder Deutschland, Holland und England?
- Begründen Sie, warum Peter I. in der Geschichte Rußlands eine so hervorragende Rolle gespielt hat.
- Worin sah Peter ein wesentliches Hindernis für eine schnelle Entwicklung Rußlands?

**7** Запомните.

*Adverbialpartizipien*

| | | |
|---|---|---|
| Verben des unvollendeten Aspekts | ↓ | Verben des vollendeten Aspekts |
| | Adverbialbestimmung, unveränderlich, bezieht sich auf gleiches Subjekt wie Haupthandlung; ↓ bezeichnen | |
| ⟵ | Nebenhandlung | ⟶ |
| die gleichzeitig mit der Haupthandlung verläuft | | die der Haupthandlung zeitlich vorangegangen ist |
| -я oder -а (nach Zischlaut) | ⟵ Suffixe ⟶ | -в(ши) oder -ши (nach Konsonant) |
| ↗ KRS 214–217 | | |

**8** Переведите.

Работая на верфи в Голла́ндии, Пётр I знакомился и с мануфакту́рами. Изучая военно-морское дело в А́нглии, Пётр занимался законода́тельством. Верну́вшись в Россию, Пётр I решил приступать к реформам. Окончив войну с Ту́рцией, он начал войну со Шве́цией. Энергично мобилизовав все силы страны, русские уже в 1702 году завоевали земли до Фи́нского зали́ва.

**9** Bilden Sie von den Adverbialpartizipien aus der Übung 8 die Infinitive.

**10** Erschließen Sie die Bedeutung folgender Wörter aus dem Sinnzusammenhang mit Hilfe bekannter Wörter.
Prägen Sie sich die Bedeutung der hervorgehobenen Wörter ein:

| | |
|---|---|
| **навсегда́** | – на всё время |
| **ежего́дно** | – каждый год |
| **дворе́ц** | – Зимний дворец |
| рыба́к | – Рыбак ловит рыбу. |
| **дожида́ться** | – ждать окончания войны |

**11** ОСНОВАНИЕ ПЕТЕРБУРГА

Для укрепления выхода в море надо было создать мощную крепость. Выбор пал на один из островов, удобно расположенный с военной точки зрения. Строительство Петропавловской крепости на этом острове началось в 1703 году. Этот год считается годом основания города.

Строительство города шло на болотистых берегах Невы. Сюда для работы собирали ежегодно со всей страны 30 тысяч крепостны́х крестья́н[1]. Люди работали в самых **тяжёлых усло́виях**: стоя в холодной воде, под дождём и сильным ве́тром. Десятки тысяч людей **поги́бли** от боле́зней, го́лода и тяжёлого труда́. Для строительства нового города, будущей столицы, Пётр пригласил лучших русских и иностранных архите́кторов, худо́жников. За короткое время на месте лесов и боло́т был построен большой европейский город с прекрасными дворцами и парками. Город получил название Санкт-Петербу́рг в честь апо́стола Петра, покрови́теля рыбако́в. Не дожидаясь окончания двадцатиле́тней войны со шведами, Пётр в 1712 году сделал Петербург столицей России. Пётр добился своей цели: страна получила выход в Балтийское море, и Петербург стал самым важным морским портом России.

12 Найдите в тексте ответы на вопросы.

1. Почему русский царь Пётр I решил основать город на берегу Финского залива?
2. Когда началась работа по строительству города?
3. В каких условиях строился Петербург?
4. В каком году Петербург стал столицей России?

## Для любителей истории

Прочитайте текст со словарём.

А. С. Пушкина волнова́л вопрос о роли Петра I в истории России. Однажды осенью Пушкин гулял вместе с польским поэтом Адамом Мицке́вичем, жившим в то время в Петербурге, по городу. Стоя перед памятником Петру, они говорили о роли Петра в истории России. После этого раз-

[1] leibeigene Bauern

говора А. С. Пушкин написал поэму «Ме́дный вса́дник» как ответ на вопрос о роли Петра I в истории России.

Прослушайте и прочитайте отрывки из поэмы А. С. Пушкина.

МЕ́ДНЫЙ ВСА́ДНИК

На берегу́ пусты́нных волн
Стоя́л ОН, дум вели́ких полн
И вдаль гляде́л…
… И ду́мал он:
Отсе́ль грози́ть мы бу́дем шве́ду,

Здесь бу́дет го́род заложён
Назло́ надме́нному сосе́ду.

Приро́дой здесь нам суждено́
В Евро́пу прорубя́ть окно́,
Ного́ю твёрдой стать при мо́ре.
Сюда́ по но́вым им волна́м
Все фла́ги в го́сти бу́дут к нам …

Der eherne Reiter

Er stand am wellumspülten Strand
In tiefem Sinnen, unverwandt
Ins Ferne schauend …
… Stolz dachte er:
Von hier aus drohen wir den Schweden,
Hier werde eine Stadt am Meer,
Zu Schutz und Trotz vor Feind und Fehden;
Hier hatte die Natur im Sinn
Ein Fenster nach Europa hin,
Ich brech es in des Reiches Feste;
Froh werden alle Flaggen wehn
Auf diesen Fluten, nie gesehn,
Uns bringend fremdländische Gäste.

Знаете ли вы, что при Петре I в России

- стала выходить первая русская газета «Ве́домости»,
- был введён юлиа́нский календа́рь (старый стиль), по которому новый год начинался 1 января,
- началось светское (weltliche) школьное образование (раньше были только церко́вные [*ср.* церковь] школы),
- все дворя́не должны были учиться,
- молодым дворянам, не окончившим школу, не разреша́ли жениться,
- был и́здан ука́з, что дворяне должны одеваться по-европейски и брить бо́роды – когда Пётр вернулся из-за границы и дворяне пришли поздравить его с прие́здом, он но́жницами обре́зал у них бороды и длинные полы (Rockschöße) кафта́нов,
- купца́м разреша́ли и дальше носить бороды, но за это они плати́ли нало́г,
- по указу царя стали проводить в домах дворян «ассамбле́и» (hier:

„Partys"), в которых должны были участвовать и жёны, и дочери дворян и купцов; там разговаривали, пили, кури́ли, играли и танцевали; Пётр часто посещал ассамблеи и всегда был душо́й общества;
- для дворян была издана́ переведённая с немецкого языка книга о пра́вилах поведе́ния молодого человека; книга советовала дворянам: «… в плато́к гро́мко не сморка́ться, па́льцем но́са не чи́стить, го́лову над пи́щей не чеса́ть …, ибо так делают крестьяне».

Если вы хотите больше узнать о царе Петре Великом, то прочитайте роман Алексе́я Толсто́го «Пётр I».

**13** Скажите,
- что вы думаете о царе Петре I?
- считаете ли вы его великим? Обоснуйте ваше мнение.

## Северная Венеция

**14** Сравните и переведите.

| | |
|---|---|
| забыть/забывать | – незабыва́емое впечатление |
| красивый | – красота́ дворцов и парков |
| победитель | – побе́да |
| видеть | – ви́ден |
| великий | – величина́ |
| время, период | – пора́ |

**15** Прочитайте текст без словаря.

ПРИЕЗЖАЙТЕ В ГОРОД БЕЛЫХ НОЧЕЙ!

Санкт-Петербург производит на каждого посетителя незабываемое впечатление. Гости **в восто́рге** от архитекту́рных памятников, музеев – среди которых Эрмита́ж, Русский музей – от красоты парков и каналов. Самое прекрасное время в Санкт-Петербурге – с 11 июня до 2 июля – время белых ночей.

Город в дельте Невы расположен на 42 островах, поэтому Санкт-Петербург называют Северной Венецией. Через 65 рек и каналов построено 380 мостов, и почти каждый мост – произведение искусства. Мосты через Неву в 2 часа ночи разводятся, чтобы пропустить корабли. Один из самых красивых и знаменитых мостов Санкт-Петербурга – А́ничков мост. Скульпту́ры моста символизи́руют борьбу́ человека со стихи́ей и его победу над ней.

Аничков мост **явля́ется** частью центральной магистрали города – Невского проспекта. Невский проспект – главная улица города. С Невского проспекта открывается вид на здание Адмиралте́йства, построенное в 1806 до 1823 гг.

На берегу Невы расположен Зимний дворец, резиде́нция русских царей, великоле́пное здание в стиле баро́кко. На Дворцовой площади перед Зимним дворцом в начале XX века разыгрались трагические события, когда 9 января 1905 года тысячи рабочих пошли к царю проси́ть лучших условий жизни. В это крова́вое воскресенье поги́бло более тысячи человек.

В феврале 1917 года был све́ргнут царь. А 25 октября по старому календарю́ произошёл штурм Зимнего дворца – была совершена́ Октя́брьская револю́ция.

Сегодня в Зимнем дворце находится музей Эрмитаж с его золоты́м фо́ндом мирового искусства.

Напротив Зимнего дворца, через Неву, расположилась Петропавловская крепость, с которой началось строительство города. Золотой шпиль её Петропавловского собора виден издалека́.

Поезжайте в этот город, и вы увидите ещё много других прекрасных достопримечательностей, как например, Исаакиевский собор, Казанский собор, здания университета и Академии наук, Таври́ческий дворец, Летний дворец Петра I, Смо́льный. До Октябрьской революции это был «институт благоро́дных деви́ц»[1]. В дни Октябрьской революции в Смольном жил и работал В. И. Ле́нин.

**16** Ответьте на вопросы.

1. Почему называют Санкт-Петербург Северной Венецией?
2. Когда в Санкт-Петербурге самое прекрасное время?
3. Какие знаменитые музеи находятся в Санкт-Петербурге?
4. Какие достопримечательности вы хотели бы осмотреть в этом городе?

**17** Übertragen Sie sinngemäß ins Russische.

St. Petersburg ist eine junge Stadt. Zar Peter I. hat sie 1703 gegründet, um für Rußland einen Zugang zur Ostsee zu erhalten. Es war schwierig, die Stadt auf den Inseln im Delta der Newa zu errichten. Das erste Wohnhaus der Stadt war das Häuschen (домик) Peters I. unweit der Peter-Pauls-Festung.

[1] Schule für adlige Mädchen

**18** Ответьте на вопросы русского туриста.

Что стоит посмотреть в вашем городе?
Когда (в каком веке) город был основан?
Во время войны город был разрушен?
В городе сохранились архитектурные памятники?
Где они находятся?
Как туда дойти (доехать)?
Какое время года вы считаете самым прекрасным в вашем городе?

**19** Entwerfen Sie einen Prospekt für ein Reisebüro, in dem Sie für den Besuch Ihrer Stadt in russischer Sprache werben.

**20** Выучите новые слова.

| | | |
|---|---|---|
| дворе́ц, -рца́ | Palast | в Зимнем дворце |
| де́ло | Angelegenheit, Wesen; Handwerk | государственное дело; военное дело; столярное дело |
| необходи́мость *f.* | Notwendigkeit | понимать необходимость экономического развития |
| побере́жье* | Ufer; Küste, Strand | на побережье Чёрного моря |
| путь, -и́ *m.* | Weg; Reise | на пути, таким путём; Счастливого пути! |
| разви́тие | Entwicklung | |
| усло́вие | Bedingung | работать в тяжёлых условиях |
| цель *f.* | Ziel | добиться своей цели |
| ва́жный | wichtig | важный вопрос |
| вое́нный* | Militär-, Kriegs- *(in Zus.)* | военный флот |
| госуда́рственный* | Staats- *(in Zus.)*, staatlich | |
| морско́й* | Meer-, Meeres-, See- *(in Zus.)* | морской флот |

| | | |
|---|---|---|
| передовóй* | fortgeschritten, fortschrittlich | передовая страна |
| спосóбный | begabt, talentiert | способная девочка |
| тяжёлый | schwer, schwierig | тяжёлая сумка, тяжёлые условия |
| вернýться *v.* (↗ KRS 168) | zurückkehren | Он поздно вернулся домой. |
| вестú* (↗ KRS 222) | führen | вести разговор |
| добúться *чего?* (↗ KRS 222) | erreichen, erzielen | Он добился своей цели. |
| дождáться/дожидáться* | abwarten, erwarten | |
| изучáть | lernen, studieren | изучать математику в университете |
| отстáть* *v.* от *чего?* | zurückbleiben | Россия отстала от передовых европейских стран. |
| побывáть *v.* | (eine Weile) sich aufhalten | побывать у друга в России |
| погúбнуть* *v.* (↗ KRS 222) | umkommen | |
| продолжáться | dauern; fortgesetzt werden | Война продолжалась 20 лет. |
| ежегóдно | jährlich | |
| навсегдá* | für immer | |
| средú *чего?* | unter, mitten | Среди книг я нашёл … |
| чтóбы + *Inf.* | um zu | Чтобы добиться цели, он … |
| + *Prät.* | damit | Он послал …, чтобы они изучали … |

---

| | | |
|---|---|---|
| быть в востóрге* *от чего?* | begeistert sein von etwas | Туристы в восторге от прекрасной архитектуры города. |
| являться* *чем?* | sein | |

# 11

# Книги в моей жизни

Любите книгу всей душой! Она не только ваш лучший друг, но и до конца верный спутник.

М. Шóлохов

## В книжном магазине

**1** Wählen Sie aus dem Angebot einer Buchhandlung aus.

| | |
|---|---|
| Belletristik | **худóжественная литератýра** |
| Gegenwartsliteratur | **совремéнная литератýра** |
| Abenteuerliteratur | приключéнческая литератýра |
| populärwissenschaftliche Literatur | наýчно-популя́рная литератýра |
| ausländische Literatur | зарубéжная литератýра |
| fremdsprachige Literatur | литератýра на **инострáнных** языкáх |

Welche Literatur wird hier angeboten? Erschließen Sie die deutsche Bedeutung.

| | | |
|---|---|---|
| классическая литература | ← I этаж → | детективная литература |
| детская литература | ← II этаж → | фантастическая литература |
| | III этаж | |
| | техническая литература | |

Was lesen Sie am liebsten?

| | |
|---|---|
| Roman | **рома́н** |
| Novelle | **по́весть** |
| Erzählung | **расска́з** |
| Fabel | ба́сня |
| Märchen | ска́зка |
| Gedichte | **стихи́** |
| Comics | ко́микс |

**2** Прочитайте диалоги по ролям и составьте такие же диалоги. (↗ Sprachmittel…)

А – Скажите, пожалуйста, у вас есть романы Айтма́това?

Б – Есть. Пожалуйста, смотрите: «И до́льше ве́ка длится день», «Пла́ха», повести «Первый учитель», «Белый парохо́д»…

А – Очень хорошо. Я возьму «И дольше века длится день». А у вас нет последней повести Айтматова? К сожалению, не знаю точно, как она называется.

Б – Эта повесть называется «Белое о́блако Чингисха́на». Но, её сейчас нет.

А – Жаль. Тогда я только возьму вот эту книгу. Платить вам?

Б – Нет, в кассу. Там вам дадут чек, а потом у меня получите книгу.

А – Скажите, пожалуйста, какие у вас есть кассеты с записями Вале́рия Лео́нтьева?

Б – Его кассеты, к сожалению, уже все проданы. Есть только пластинки, смотрите, пожалуйста.

А – Эта у меня есть, а ту – можно её послушать?

Б – Конечно. Она, наверно, вам понравится.

А – Да, она мне очень нравится. Я её возьму. Сколько она стоит?

Б – 3 рубля. Вы можете заплатить у меня.

## Давайте поиграем.

Представьте себе, вы работаете в библиотеке. Вас спрашивают:

– Вы знаете, кто написал …?

«Лореле́я»
а) Это роман Г. Флобе́ра,
б) это сказка Г. Х. А́ндерсена,
в) это стихотворение Г. Ге́йне?

«Доктор Фа́устус»
а) Это драма И. В. Гёте,
б) это роман Т. Ма́нна,
в) это сказка М. А. Не́ксе?

«На́утилус»
а) Это научно-популярная книга Ж. Кусто́,
б) это фантастический роман Ж. Ве́рна,
в) это басня Г. Э. Ле́ссинга?

«К ра́дости»
а) Это ода Ф. Ши́ллера,
б) это повесть Т. Што́рма,
в) это книга у́жасов Э. А. По?

– Какая это литература?

«Синяя борода́»
а) Это сказка,
б) это детектив,
в) это научно-популярная книга?

«Са́га о Фо́рсайтах»
а) Это фантастический роман,
б) это повесть,
в) это роман?

«У́мная Э́льза»
а) Это роман,
б) это педагогическая литература,
в) это сказка?

«Воскресе́ние»
а) Это роман,
б) это спортивно-медицинская литература,
в) это басня?

**3** Если вы любите читать …

Каким видом литературы вы увлекаетесь?
Кто ваш любимый **писа́тель**?

Какие его книги вы читали?
Какая книга произвела на вас большое впечатление?
Вас интересуют книги о технике (спорте, ...)?
Каких **а́второв** фантастических (детективных) романов вы знаете?
Каких немецких баснопи́сцев вы знаете?
Как зовут известного русского баснопи́сца?
Вы любите читать стихи?
Вы **са́ми** писали стихи?

**4** Вы знаете немецкие названия этих книг?
Иоганн Вольфганг Гёте: «Гец фон Бе́рлихинген»
«Страда́ния ю́ного Ве́ртера»
Фридрих Шиллер: «Разбо́йники», «Кова́рство и любо́вь»
Чарлз Диккенс: «Приключе́ния О́ливера Тви́ста»
Генрих Гейне: «Герма́ния. Зимняя сказка»
Генрих Сенкевич: «Крестоно́сцы»
Гарриет Бичер-Стоу: «Хи́жина дя́ди То́ма»
Марк Твен: «Приключения Ге́кльберри Фи́нна»
Льюис Кэролл: «Али́са в стране чуде́с»
«Али́са в Зазерка́лье»
Жюль Верн: «Путешествие вокруг све́та в 80 дней»
Эрнест Хемингуэй: «Стари́к и море»
Фенимор Купер: «Последний из могика́н»
Бернард Шоу: «Профессия госпожи́ Уо́ррен»
Артур Конан-Дойль: «Собака Баскервилей»

**5** Запомните слова, составьте с ними предложения.

| | | |
|---|---|---|
| **взять** *v.*<br>я возьму́<br>ты возьмёшь | **брать** *что?*<br>я беру́<br>ты берёшь | в библиотеке<br>*(etwas)* in der Bibliothek ausleihen |
| **верну́ть** *v.*<br>я верну<br>ты вернёшь | *что?* | в библиотеку<br>*(etwas)* in die Bibliothek zurückbringen |

*когда?* позавчера, вчера, сегодня, завтра;
через два дня; пять дней тому назад;
5-го августа

*на сколько дней?* на 10 дней, на 21 день

финиш **6** Составьте диалоги. (↗ Ratschläge ...)

Nutzen Sie folgende Stichpunkte für ein Gespräch.

Gespräch mit Freunden:
а) Interesse bekunden für Literatur, für welche Art von Literatur;
Angabe zu Lieblingsschriftstellern bzw. zu Sie besonders interessierenden Büchern;
Empfehlung eines Titels;

Gespräch in einer Buchhandlung:
б) Auskunft einholen nach Werken einer bestimmten Literaturgattung;
Empfehlen eines Autors oder einer anderen Literaturgattung;

Gespräch in einer Bibliothek:
в) Erkundigen nach dem bestimmten Titel eines Autors, nach der Ausleihfrist;
Rückgabe eines Buches.

## О чём говорится в этой книге?

**7** *So können Sie ausdrücken, wovon ein Buch handelt.*

| | |
|---|---|
| | о **собы́тиях** XII века. |
| В книге **речь идёт** | о полёте в космос. |
| | об истории семьи Ростовых. |

oder:
В книге речь идёт **о то́м**, какие интересные события **происхо-ди́ли** в XII веке.

**8** Переведите.

Спасибо тебе за то, что ты прислал мне эту интересную книгу. Она мне очень понравилась. Автор интересно рассказывает о том, как он провёл свою экспеди́цию. Я узнал о том, при каких условиях автор жил и работал во время экспедиции, как живут люди в той африканской стране.
(↗ KRS 127)

## Для любителей сказок.

Если хотите, прочитайте со словарём «мини-сказки».

– В этой сказке речь идёт о том, как волк съел шесть козлят. В конце сказки его то́пят в коло́дце.
– В этой сказке рассказывается, как две девочки работают у старой женщины. Одна получает зо́лото, а другая – очень лени́вая – только смолу́.
– Здесь пишется о том, как девушка прядёт соло́му и получает из неё золото… В конце сказки гном от зло́сти прова́ливается в я́му и погиба́ет.

**9** Предлагаю вам прочитать эту книгу.

А – Ира, ты сказала мне, что любишь читать. Знаешь, я сейчас читаю очень хорошую книгу.

Б – Покажи книгу. Кто её написал?

А – Автор книги – Приста́вкин, а книга называется «Ночева́ла ту́чка золота́я»[1].

Б – Интересно. Это сказка?

А – Нет, это роман. **Де́йствие** происходит во время войны. Речь идёт не о том, как солдаты боро́лись и погиба́ли в боя́х. Автор рассказывает о двух братьях, одному из них 9, другому 10 лет. У них нет родителей. В начале книги они живут в Москве в детском доме – о них никто не заботится – они всегда голо́дные и никому не нужны. С другими детьми их отправляют на Кавказ…

Б – И дальше?

А – А дальше я ещё не читала, времени не было. Только **чу́вствую**, что с одним из братьев должно случиться что-то ужасное.

Б – Мне кажется, это интересная книга. Когда прочитаешь, дай мне её, пожалуйста.

[1] „Es schlief ein göldenes Wölkchen“

**10** Скажите о том, какая книга на вас произвела большое впечатление.

Предложите вашему **собесéднику** обязательно прочитать эту книгу.
Используйте:
(очень, особенно) нравится, произвёл(-á) большое (глубокое) впечатление на меня; стоит прочитать;
Действие происходит *(когда? где?)*
Главный **герóй** (главная герóиня) ...
Речь идёт о том, ...; *(о чём?, о ком?)*
Автор пишет (рассказывает)
о прошлом (бýдущем, настоя́щем),
о(б) отношéниях между людьми (любви, жизни *кого* ...?),
В ... пишется (рассказывается) *(о чём? о ком?)*
Действие интересное (увлекательное).
Язык хороший (вырази́тельный, óбразный).
Я уверен(-а) в том, что ... понравится ...
Я думаю, что ...
По-моему, ...
Мне кажется, ...

## Популярные представители современной литературы

Книга есть жизнь нашего времени.
В. Бели́нский

Прочитайте слова песни. Если хотите, выучите её.

ПОЖЕЛÁНИЕ ДРУЗЬЯ́М — БУЛÁТ ОКУДЖÁВА

(Nachdichtung von J. Schultz)

Давáйте восклицáть, друг дрýгом восхищáться,
Высокопáрных слов не нáдо опасáться.
(Laßt uns ausrufen, uns füreinander begeistern,
Hochtrabende Worte brauchen wir nicht zu fürchten.)

Давáйте говори́ть друг дрýгу комплимéнты –
Ведь э́то всё любви́ счастли́вые момéнты.
(Laßt uns einander Komplimente sagen,
All das sind doch der Liebe glückliche Momente.)

Дава́йте горева́ть и пла́кать открове́нно:
То вме́сте, то повро́зь, а то – попереме́нно.
(Laßt uns offen trauern und weinen,
Mal zusammen, mal einzeln und mal reihum.)

Не бу́дем придава́ть значе́ния злосло́вью,
Поско́льку грусть всегда́ сосе́дствует с любо́вью.
(Bösem Gerede messen wir keine Bedeutung bei,
Wo doch die Wehmut immer der Liebe Nachbar ist.)

Дава́йте понима́ть друг дру́га с полусло́ва,
Чтоб, ошиби́вшись раз, – не ошиби́ться сно́ва.
(Laßt uns einander schon mit der ersten Silbe verstehen,
Um, haben wir einmal geirrt, nicht noch einmal zu irren.)

Дава́йте жить, во всём друг дру́гу потака́я,
Тем бо́лее, что жизнь – коро́ткая такая!
(Laßt uns leben und gegenseitig Nachsicht üben,
Um so mehr, als das Leben so kurz ist.)

(Из: Е. Шербино́вская, Концерт, Издательство «Русский язык»)

**11** Прочитайте текст об авторской песне и об одном из исполнителей и ответьте:
Welchen deutschen Wörtern entsprechen «а́вторская песня» und «бард» nach Ihrer Meinung am besten?
Welche deutschsprachigen Künstler würden Sie mit Okudshawa vergleichen?

## БУЛАТ ОКУДЖАВА – ОДИН ИЗ БАРДОВ

Авторская песня – что это такое? Есть ли ана́логи авторской песни в мировой практике? Американская песня протеста? Французский шансо́н? Прямы́х аналогов нет. Авторские песни начали петь в начале 60-х годов в России, похожи они на баллады, рассказывающие о проблемах – ли́чных, обще́ственных[1].

Представителей этого жанра называют бардами. Чем они интересны? Барды еди́ны в трёх лицах: они – авторы стихов, авторы музыки, они также исполнители. Один из них – Булат Окуджава.

Стихи его удивительные[2], ни на что непохо́жие, такие глубо́кие и **просты́е** одновременно. Поёт он под гитару. Поёт тихо, и гитара звучит

[1] persönliche und gesellschaftliche [2] außerordentlich

негромко, и слушающие чувствуют себя буква́льно[1] загипнотизи́рованными ма́гией слова, интона́цией го́лоса[2] …

Он **выступа́ет** один и с другими поэтами, на сценах театров, в залах институтов, в домах друзей и знакомых. Его **про́сят** петь ещё и ещё. И он поёт. Люди, к которым он обраща́ется[3], чувствуют себя не просто публикой на концерте, а собеседниками поэта.

Булат Окуджава родился в Москве 9 мая 1924 года. Здесь, на улице Арбат, он прожил большую часть своей жизни. Арбату посвящено́[4] много его стихов, песен. Арбат для него – история русской культуры. Здесь жили Пушкин, Ге́рцен, Толстой …

В 1942 году – Булату было тогда 17 лет – он доброво́льцем[5] ушёл на фронт. В эти годы он пережил все тя́готы войны, боль и го́речь …

После войны Булат Окуджава вернулся в Тбилиси, где жил до войны. Там поступил в университет. Потом переехал в Москву, где работал учителем, затем корреспондентом. В это время и вы́шел первый сбо́рник[6] его стихов. Тво́рчество Окуджавы – не только песни, но и проза – глубоко́ музыкальны.

**12** Прочитайте, что Булат Окуджава ответил журналисту.

Передайте ответы на немецком языке.

ж. – Когда вы начали увлекаться музыкой?

О. – Мои родители были из рабочих. Отец был музыкальным человеком. Мама считала музыку одним из основны́х при́знаков[7] интелли́гентности, образо́ванности … Мы с ней часто ходили в оперу … В Тбилиси, где я жил у тётки, я ходил на концерты в консерваторию.

ж. – Кто ваш любимый композитор?

О. – Трудно сказать … Люблю Мо́царта, Га́йдна, Бетхо́вена, Шу́мана,

[1] buchstäblich [2] Stimme [3] er sich wendet [4] gewidmet [5] Freiwilliger [6] Sammelband [7] Merkmal

Проко́фьева. После войны в нашу жизнь вошёл джаз. Мне нравился джаз развлека́тельный[1], а серьёзный – Луи А́рмстронга и Э́ллы Фицже́ральд – я тогда не понимал. А вот в последние годы Луи Армстронг стал для меня соверше́нно[2] грандиозным артистом. Я понял, что он поёт о себе, о своей судьбе, и это – самое высокое мастерство.

ж. – А какое у вас мнение об авторской песне?

О. – Авторская песня возвыша́ет[3] Добро́, Любо́вь, Челове́ческую ли́чность ... Пусть люди лучше играют на гитаре и поют хорошие песни, чем напива́ются или стреля́ют из автомата.

| **Пе́сенка об Арба́те** | **Lied über den Arbat** |
|---|---|
| Ты течёшь, как река́. Стра́нное<br>назва́ние! | Du fließt wie ein Fluß.<br>Sonderbarer Name! |
| И прозра́чен асфа́льт, как в реке́<br>вода́. | Dein Asphalt ist durchsichtig<br>wie das Wasser im Fluß. |
| Ах, Арба́т, мой Арба́т,<br>ты – моё призва́ние. | Ach Arbat, mein Arbat,<br>du bist meine Berufung. |
| Ты – и ра́дость моя́, и моя́ беда́. | Du bist meine Freude und auch<br>mein Leid. |
| Пешехо́ды твои́ – лю́ди не вели́-<br>кие, | Deine Fußgänger sind keine<br>großen Leute, |
| каблука́ми стуча́т – по дела́м<br>спеша́т. | sie klappern mit den Absätzen –<br>sie eilen geschäftig. |
| Ах, Арба́т, мой Арба́т,<br>ты – моя́ рели́гия, | Ach Arbat, mein Arbat,<br>du bist meine Religion, |
| мостовы́е твои́ подо мно́й лежа́т. | dein Pflaster liegt unter mir. |
| От любо́ви твое́й во́все не изле́-<br>чишься, | Von deiner Liebe wird man nie<br>geheilt, |
| со́рок ты́сяч други́х мостовы́х<br>любя́. | auch wenn man vierzigtausend<br>andere Pflaster liebt. |
| Ах, Арба́т, мой Арба́т,<br>ты – моё оте́чество, | Ach Arbat, mein Arbat,<br>du bist mein Vaterland, |
| никогда́ до конца́ не пройти́<br>тебя́! | nie kann man dich zu Ende<br>gehen! |

(Из: Е. Шербино́вская, Концерт, Издательство «Русский язык»)

[1] unterhaltsam [2] hier: ganz [3] hier: entwickeln

**13** Lesen Sie den Namen des Autors und die Titel seiner Bücher laut. Sagen Sie, welche deutschen Titel den russischen entsprechen.

**14** ЧИНГИЗ АЙТМАТОВ – КИРГИЗСКИЙ ПИСАТЕЛЬ.

Прочитайте текст и ответьте на вопросы.

Wodurch wurde das literarische Schaffen Aitmatows geprägt? Lesen Sie aufmerksam, was Aitmatow über seinen Roman „Der Tag zieht den Jahrhundertweg“ schreibt.

Многие из его произведений переведены́ на немецкий язык. Его знают и любят не только в Советском Союзе, но и у нас. Широкую известность получили повести «Джамиля́», «Первый учитель», «Прощай, Гульсары́!», «Белый пароход», «Ра́нние журавли́», «Пегий пёс, бегу́щий кра́ем моря» ...

Огромную роль в развитии писателя сыграли традиции его народа, древняя культура киргизов. Их легенды, которые доста́лись от прошлых поколе́ний, обогаща́ют его произведения, прида̀ют им новые краски.

В последние годы читатели с большим интересом и напряжённостью читали его романы «И дольше века длится день», «Пла́ха».
Коммента́руя роман «И дольше века длится день», Ч. Айтматов сказал, в чём содержится главная мысль: готовы ли мы, люди, призна́ть себя о́бществом высо́кора́звитых систем, и сколько нам ещё надо совершéнствоваться, чтобы вступить в контакты с другими цивилиза́циями.

## 15 ИЗ ДИСКУ́ССИИ Ч. АЙТМАТОВА С ЧИТАТЕЛЯМИ

Вопрос: На каком языке вы создаёте свои произведения?
Ответ: Я пишу на двух языках, – русском и киргизском. Если мне, например, надо быстро дать своё произведение в журнал «Новый мир», то я сразу пишу на русском языке. А затем я обращаюсь к переводу на киргизский язык, так как произведение на киргизском языке имеет ограни́ченный круг[1] читателей. Но бывает и наоборо́т.
Вопрос: Не думаете ли вы, что материальная обеспе́ченность[2] мешает духо́вному совершéнствованию человека?
Ответ: Да, этот вопрос всегда беспокоил людей. К чему тогда должен стреми́ться[3] человек? Я думаю, когда человек всего дости́гнет в материальной сфере, то он будет иметь возможность искать новую сферу для своего развития.
О своей новой повести Ч. Айтматов сказал:
«Повесть называется «Белое о́блако Чингисхана» и постро́ена в основно́м на ми́фе[4], на исторической легенде. Не первый раз, как известно, я прибега́ю[5] к мифу. Я по-сво́ему осва́иваю[6] мифи́ческий сюже́т, по-своему его преобража́ю, так чтобы читателю не просто было я́влено древнее поэтическое преда́ние[7], а чтобы оно отражало филосо́фскую суть[8] современного произведения.
И в этой вещи легенда о Чингисхане спроеци́рована[9] на изве́чную[10] дилемму – власть и личность ...»

[1] einen begrenzten Kreis
[2] materieller Wohlstand
[3] streben
[4] hauptsächlich auf den Mythus
[5] ich wende mich
[6] hier: ich erschließe auf meine Weise
[7] Legende dargeboten wird
[8] den philosophischen Gehalt widerspiegelt
[9] wird übertragen
[10] ewig

**16** Выучите новые слова.

| | | |
|---|---|---|
| áвтор | Autor | автор книги |
| писáтель | Schriftsteller | известный писатель |
| литератýра | Literatur | |
| современная ~ | moderne (zeitgenössische) ~ | |
| худóжественная ~ | Belletristik | |
| пóвесть *f.* | Novelle | повесть Т. Шторма |
| расскáз | Erzählung | рассказы К. Си́монова |
| ромáн | Roman | роман Л. Толстого |
| собесéдник | Gesprächspartner | |
| стихи́ *Pl.* | Gedicht | стихи А. Пушкина |
| инострáнный | ausländisch, fremd- *(in Zus.)* | иностранный автор |
| кни́жный | Bücher- *(in Zus.)* | книжный магазин |
| вернýть *v.* (↗ KRS 222) | zurückgeben | вернуть книги в библиотеку |
| взять/брать (↗ KRS 222) | nehmen; ausleihen | взять книгу в библиотеке |
| чýвствовать (себя́)* | (sich) fühlen | |
| сам, -á, -ó; -и | selbst | Он сам писал это письмо. |
| герóй | Held | герой повести |
| дéйствие | Handlung | |
| представи́тель* | Vertreter | |
| речь идёт о *чём*? | die Rede ist von … | |
| о том | darüber | речь идёт о том, … |
| собы́тие | Ereignis | |
| простóй* | einfach, schlicht | простая мелодия |
| вы́ступить/выступáть* | auftreten | Он выступил со своими песнями. |

| | | |
|---|---|---|
| произойти́/происходи́ть (↗ KRS 222) | geschehen | Действие происходило в Париже. |
| проси́ть *чего*? | bitten | Я прошу сло́ва |

## Мимоходом

Кинозвездочёт

5

У рождённых под этой цифрой необыча́йная жи́зненная эне́ргия. Иногда она выража́ется во вну́треннем напряже́нии при внешней невозмути́мости, как у Ли́но Венту́ры, иногда – в бу́рных всплёсках[1] темперамента, как у Альбе́рто Со́рди, иногда – в сочетании этих крайностей, как у Марло́на Брандо́. «Пятёрки» – это тала́нтливые, интеллиге́нтные, прогресси́вные люди.

Девушки, внимание! Вы в одной компа́нии с Кла́удией Кардина́ле. Союз с «двойкой» (типа Бельмо́ндо) сули́т вам сильные чувства, но может плохо кончиться. Мужчина «семёрка» (например, Мастроя́ни) будет вас обожествля́ть[2]. Думайте сами, решайте сами.

*

Однажды французский писатель В. Гюго́ отправился в Пру́ссию.

– Чем вы занимаетесь? – спросил у него на границе жандарм, заполняя специальную анкету[3].

– Пишу.

– Я спрашиваю, чем добыва́ете сре́дства к жизни[4]?

– Пером.

Он записал: «Гюго – торго́вец перо́м».

*

Путешествуя по России, А. Дюма́ приехал в Тифлис и как-то раз загляну́л[5] в один из очень больших книжных магазинов. Накану́не прихо́да[6] писателя книготорго́вец[7] уставил все полки произведениями Дюма в разных изда́ниях[8] и на разных языках.

– Где же другие книги? – удивился писатель.

– Другие проданы, – ответил растеря́вшийся[9] продавец.

[1] Plätschern [2] vergöttern [3] beim Ausfüllen des Fragebogens [4] Unterhalt verdienen [5] vorbeischauen [6] Am Abend vor der Ankunft [7] Buchhändler [8] Ausgaben [9] fassungslos

12

# Мы – молодые

## Вы согласны?

Какая же она, сегодняшняя молодёжь?

Та, что танцует на дискотеке и, кажется, что больше её ничего не интересует, или та, которая чувствует фальшь и оби́ду, которая добра́ и справедлива?

Какая она?

Какая? Что любит, чего не признаёт, против чего борется, чего не принимает?

Какими они должны быть – её книги, её дело, её любовь, её друзья, её принципы?

Каким быть вам?

Что любить?

Что ненавидеть, в чём правда, красота, добро?

Что она думает о себе?

# Читаем газету

**1** Составьте диалоги.

**2** Сравните и переведите.

сегодня – **сегóдняшний** – сегодняшняя газета
вчера – **вчерáшний** – вчерашняя газета
завтра – **зáвтрашний** – завтрашний день

**3** Прочитайте текст со словарём и переведите.

Есть газеты, которые **выхóдят ежеднéвно**, например, «Правда», «Известия», ..., но есть и газеты, и журналы, которые выходят **еженедéльно** и даже **ежемéсячно**. Это **еженедéльники** и **ежемéсячники.**

**4** Прочитайте, сравните, переведите.

ежедневно – täglich
ежеминутно –
ежечасно –
ежегодно –

**5** Вы интересуетесь прессой? Прочитайте текст со словарём.

**Представля́ем** русские газеты.

Первую русскую газету, «Ведомости», стали издавáть при царе Петре I. Тирáж этого издáния был по тем временам значительным – тысяча экземпляров.

В XIX веке большую роль играл литературный журнал «Совремéнник»,

основанный А. С. Пушкиным в 1836 году. Он пропаганди́ровал иде́и революцио́нных демокра́тов. После сме́рти поэта журнал издавали такие знаменитые писатели и поэты, как В. А. Жуко́вский, Н. А. Некра́сов, В. Г. Бели́нский. В нём публикова́ли свои идеи А. И. Ге́рцен, И. С. Турге́нев, Л. Н. Толсто́й, Н. Г. Чернышéвский.
Под названием «Ве́стник» выходили разные политические и поли́тико-литерату́рные газеты и журналы. Например: журнал «Вестник Наро́дной во́ли» – о́рган народово́льцев и социалдемокра́тов.
Он издавался в Жене́ве с 1883 года по 1886 год. «Вестник партии Народной свобо́ды» – орган па́ртии каде́тов, издавался с 1906 года по 1918 год. Он занимал буржуа́зно-демократи́ческую пози́цию.
«Вестник Вре́менного прави́тельства» выходил с 18 марта по 6 ноября 1917 года. Эта газета публиковала зако́ны, законопрое́кты, информа́цию с фро́нта, дипломати́ческие но́ты и обраще́ния к народу страны.
Газета «Правда», бы́вший орган Центрального Комите́та Коммунисти́ческой партии, была основана 5 мая 1912 года В. И. Ле́ниным. Первые номера́ вышли в Петербурге. Сегодня «Правда» – незави́симая газета.
«Изве́стия» – общеполити́ческая газета. Первый номер её вышел под названием «Известия Петрогра́дского сове́та рабо́чих депута́тов» 13 марта 1917 года в Петрограде.
«Вечерняя Москва» – любимая газета москвичей. Она была основана в 1923 году. Газета информи́рует читателей столицы о собы́тиях дня.
Орган правительства Росси́йской федера́ции – газета «Вестник». В нём публикуются реше́ния и ука́зы правительства. «Вестник» – еженеде́льная газета.
Кроме на́званных газет, существу́ет це́лый ряд независимых и региона́льных. Издаётся в России много интересных еженеде́льников и ежеме́сячников. Их можно купить и **за рубежо́м** как на русском языке, так и на иностранном.
В Германии продаются, например, «Литературная газета», «Спутник», «Огонёк», «Крокодил». «Спутник» выходит ежеме́сячно на разных языках, в том числе́ и на немецком. Это дайджест, который информирует читателей о жизни в стране, о её прошлом и настоящем, о нови́нках литературы, иску́сства, нау́ки. **Ста́тьи** – крити́ческие и обьекти́вные.
«Крокодил» – сатири́ческий журнал. Он выходит на русском языке три раза в месяц. Его тираж больше пяти миллионов экземпляров. О́стрым языком журнал критику́ет недоста́тки в о́бществе и сла́бости (Schwächen) человека.
Еженедельник «Огонёк» выходит на русском языке. Это обще́ственно-полити́ческий, литературно-художественный, иллюстри́рованный журнал. Его тираж 175 миллионов экземпляров.

**6** Назовите газеты и журналы, которые играли ва́жную роль в русской истории.
Скажите, какую газету (какой журнал) вы хотели бы читать. Почему?

финиш

**7** Ответьте на вопросы.

Как вы думаете, надо читать газеты?
Какую газету (какой журнал) вы читаете (хотели бы регулярно читать)? Почему?
Какие статьи вы прежде всего (vor allem) читаете?
Какие еженедельники или ежемесячники вам особенно нравятся? Почему?

**8** Прочитайте со словарём, что молодые люди говорят о себе.

Катя Г., город Киев
Да, я не скрываю, я – панк. Ну и что? Что в этом плохого? По-вашему, я несчастли́вый ребёнок. **Ме́жду про́чим**, я окончила школу на четвёрки и пятёрки, у меня много друзей. И я никогда не бываю одинока.
Да, нас не любят, от нас отвора́чиваются[1]. Почему? Потому что у нас принято одеваться и стричься по-своему. Мы не хотим быть похо́жими на всех.
Мы увлекаемся рок-музыкой. И

[1] abwenden

как вы можете навя́зывать нам свою музыку, свою культуру, одежду? Критика панков оскорбля́ет[1] меня.

Марина Б., ученица 9-го класса,
Мне нравятся люди активные, добрые, чуткие. Люди трудолюбивые. Люди, умеющие выслушать других. И мне совсем не нравятся вы́скочки[2].
Наверное, я никогда не пойму, зачем все эти металлические цепи, такие волосы, старые джинсы … Многие мои све́рстники хотят вы́делиться[3] в жизни за счёт внешнего вида. Не понимаю, зачем они это делают, что хотят доказать.

(По журналу: «Русский язык за рубежом»)

финиш

**9** Поговорите друг с другом о том, с каким мнением вы (не) согласны.

**10** *So kann man in einem Meinungsstreit Gewißheit, Ungewißheit und Zweifel, Zustimmung und Ablehnung ausdrücken.*

| Да. | Нет. |
|---|---|
| Конечно. | Конечно, нет. |
| **(Совсе́м)** правильно. | Не (совсем) правильно. |
| Ты **(по́лностью)** прав(-а). | Ты не прав(-а). |
| Я (полностью) согласен (-на) с вами (тобой). | Я не согласен (-на) с вами (тобой). |
| Это так. | Это (совсем) не так. |
| Я (совсем) не против (этого). | Я (совсем) против (этого). |
| Я того же мнения. | Я другого мнения. |
| Я в этом уверен(-а). | Я в этом не (совсем) уверен(-а). |
| Я в этом полностью уверен(-а). | Я в этом не полностью уверен(-а). |
| Я уверен(-а), что … | Я не (совсем) уверен(-а), что … |

[1] beleidigen [2] Emporkömmling [3] hervorstechen

Я считаю *(кого? кем?)* …
По-моему, …
Я думаю, что …
Мне кажется, что …
Может быть, …
Я боюсь, что …
Наверно, …

Я думаю **ина́че.**

**11** Прочитайте со словарём.

Виктор Л., 15 лет, ученик:
Я уверен, что всё, что было раньше, устаре́ло, переста́ло быть модным, а значит и интересным. Конечно, пройдёт и то, что ново сейчас.

Андрей С., 17 лет:
Нас просто изба́ловали, а теперь, конечно, всего хочется.

Рабочий, 20 лет:
Нет взаимопонима́ния, никто не хочет уступа́ть.

Студентка, 19 лет:
Время влияет на нас – о́страя международная ситуация: неизве́стно ведь, что нас ждёт.

Лаборант, 19 лет:
У нас на всё соверше́нно ины́е взгля́ды. Мы не договоримся со старшими.

Ученик, 16 лет:
В наше время многие молодые люди увлекаются современной музыкой. Может быть, и́менно это меша́ет взро́слым понять нас. Говорят, это пусто́е занятие.
Но, хорошо танцевать – это тоже талант. Хорошо играть музыку – это тоже тре́бует большой работы и спосо́бностей …
По-моему, каждое поколе́ние имеет своё лицо, свои увлечения, потому что времена меня́ются.

**12** Поговорите друг с другом о том, с каким мнением вы (не) согласны? Обоснуйте своё мнение. финиш

## 12

Wie Menschen sein können.

| | |
|---|---|
| tolerant | терпи́мый |
| intolerant | нетерпи́мый |
| verantwortungsbewußt | отве́тственный |
| verantwortungslos | безотве́тственный |
| bescheiden | скро́мный |
| unbescheiden | нескро́мный |
| selbstbewußt | уве́ренный в себе |
| unsicher | неуве́ренный |
| optimistisch | оптимисти́ческий |
| pessimistisch | пессимисти́ческий |

**13** Übertragen Sie sinngemäß ins Russische.

Ich streite mich gern. Ich mag Menschen, die aufgeschlossen und ehrlich sind. Menschen, die zu allem „ja" sagen, kann ich nicht ausstehen. Mir gefallen die, die energisch ihre Meinung vertreten, aber auch die des anderen anerkennen. Mir fällt es manchmal noch schwer, die Meinung des anderen zu akzeptieren.

## Всё начинается с учителя

**14** «Го́лос ины́х миров» – прочитайте этот «фантастический» рассказ и ответьте на вопросы.

Welches gemeinsame Hobby verbindet Wladimir mit seinem Lehrer?
Welche Entdeckung hat Wladimir gemacht? Wie reagiert der Lehrer?
Übersetzen Sie das letzte Gespräch des Lehrers mit Wladimir.

Действие этого рассказа происхо́дит в Абха́зии, главные геро́и – ученик десятого класса Влади́мир Эбжноу́ и его учитель физики Григо́рий Раши́т – и́па Вана́ча.

В субботу после обеда Владимир постучался к учителю физики. Он открыл дверь, в руках у него был электрический пая́льник[1]. Ванача внимательно посмотрел на мальчика и, ничуть не[2] удивляясь его приходу, сказал:

[1] Lötkolben
[2] keineswegs

– А, это ты, Володя? – и пригласил молодого человека к себе.

На столе лежали радиодета́ли. Григорий Рашитипа, как видно, переде́лывал один из своих приёмников.

– Ты хочешь что́-нибудь сообщи́ть мне?

Ученик молча́л.

– Володя, что с тобой?

– Ничего, – ответил Эбжноу.

– Ну, говори же, – я слушаю тебя.

– Ничего особенного. Я думал, что вы свободны. – В го́лосе ученика звучали необы́чные нотки: то ли[3] он вини́лся, то ли стесня́лся чего-то.

– Я слушаю тебя, Володя.

– Может быть, это ничего ещё не значит, – сказал он винова́то.

Ванача подумал, что этот Эбжноу явился неспроста́[4], его волну́ет нечто серьёзное. Может быть, не кле́ится какое-нибудь радиодело, которым Эбжноу увлекается.

[3] so als ob

[4] nicht ohne Absicht

– Выкла́дывай[5], что там у тебя, – стро́го сказал учитель.
– Я слышу странные голоса́, – пробормота́л[6] ученик.
– Что, что? – удивился Ванача.
– Я говорю, что слышу голоса, тире́, тире, то́чка, точка, тире, тире … И всё сначала …
– Посто́й, посто́й[7], – переби́л его учитель, – ты не можешь по поря́дку? Какие голоса́? Где? Когда?
Владимир Эбжноу собра́лся с ду́хом[8] и попыта́лся всё объясни́ть.
– У меня есть приёмник? – сказал он. – Есть. Я его переде́лал? Переделал. Ультракороткие во́лны есть? Есть.
– Я знаю твой приёмник, – проговорил нетерпеливо учитель.
– Нет, вы не знаете. Этот немного громо́здкий[9], но брать с собой можно. И наушники переделал. От восьми́ батареек пита́ется.
– Волны – метро́вые? – спросил учитель.
– Есть и метровые. Вот с ними – то и приходит эта шту́ка[10].
– Какая штука[11], Володя?
Владимир Эбжноу покраснел и словно проглоти́л язык[12]. Но всё-таки нашёл в себе си́лы[13].
– Я, кажется, услышал наконец …
И он сказал учителю, где и когда слышал голос.
На другой день они вместе вышли из деревни и пошли на гору. По пути Ванача пыта́лся получить как можно больше информации. Ученик сказал:
– Я тогда случайно прихвати́л с собой[14] приёмник. А потом включил его. И сказал себе: дай-ка встану в фокусе этого эллипса[15]. И я встал. А потом по́днял на большую высоту телескопическую антенну. А потом включил приёмник, слышу – очень чистый приём. И вдруг … Вдруг я слышу: таа – таа – таа … ти-ти-ти …
– Ну, и что же та-та-ти? Что же ты решил тогда?
– Я? Я ничего не решил. Я подошёл к приёмнику и

[5] Pack aus
[6] murmelte
[7] warte mal
[8] faßte sich ein Herz
[9] sperrig
[10] hier: passiert's
[11] hier: Was passiert?
[12] es verschlug ihm die Sprache
[13] er fing sich
[14] nahm mit
[15] da stelle ich mich mal in den Mittelpunkt des Empfangsbereiches

начал его вертéть[16]. Точнéе, антенну. Вдруг я начал различать очень чётко эти самые «та-а» и «ти». Очень коротко: «ти»! Ну, думаю, кто-то свинью в эфир подпускает[17].

И ученик рассказал, что он переносил приёмник на другие места, но было слышно только на одном месте таа-таа-таа … ти-ти-ти …

Володя уже месяц наблюдал «его голос».

– В какое время? – поинтересовался учитель.

– В разное. Но слышу только в полдень, в воскресенье. Там, на небе, на далёких звёздах, живут разу́мные существá. Это же я́сно как день! И неделя у них, как у нас … Семидневная.

И вот они на скале. Владимир включил приёмник и слышно было таа-таа-таа … ти-ти-ти …

– Живут, живут, – весело проговорил ученик. Он сия́л, как солнце. Ему было хорошо от этой мысли. И долго ещё слушали они послания из иных миров.

Владимир был на седьмом небе. От радости. От сознания великого открытия. И больше всего оттого, что мы – не одни. Что есть у нас соседи. Пусть далёкие, главное, что они – есть!

Это происходило в воскресенье. А в среду вечером за Владимиром послал учитель старшеклассника. Григорий Ванача сказал:

– Послушай, твой секрéт разгáдан … Ты знаешь Кады́ра Карби́? Он смастерил некий идиотский прибóр, который безжáлостно искрит[18].

– Как искрит?

– А очень просто: таа-таа-таа … ти-ти-ти … Ты меня понял? Этот проти́вный[19] Кадыр и посылал в эфир … К сожалению, никаких соседей, Володя …

– Значит … Мы одиноки, значит? Совсем одиноки?

(По Г. Гу́лиа)

[16] drehen

[17] Wer treibt denn da im Äther miese Spiele

[18] Funken sprühen

[19] ekelhaft

**15** Выучите новые слова.

| | | |
|---|---|---|
| еженеде́льник | Wochenzeitschrift | Этот еженедельник уже продан. |
| ежеме́сячник | Monatszeitschrift | |
| статья́, *G.Pl.* -е́й | Artikel | читать статью |
| вчера́шний | gestrig | Вчерашняя «Юность» ещё есть? |
| сего́дняшний | heutig | |
| вы́йти/выходи́ть (↗ KRS 222) | erscheinen (Zeitschrift, Buch) | Этот журнал выходит каждую неделю. |
| предста́вить/представля́ть | vorstellen; darstellen | |
| ежедне́вно | täglich | |
| ежеме́сячно | monatlich | |
| еженеде́льно | wöchentlich | |
| за рубежо́м | im Ausland | |
| ме́жду про́чим* | unter anderem | |
| ина́че | anders | Я думаю иначе. |
| по́лностью | vollständig, völlig | Ты полностью права. |
| (не) совсе́м | ganz (gar nicht) | Это совсем правильно. |

## Мимоходом

In dem Text «Голос иных миров» waren zwei Redewendungen, die Sie sicher korrekt übersetzt haben:

| | |
|---|---|
| я́сно как день | vollkommen klar |
| быть на седьмо́м не́бе | im siebenten Himmel sein |

Bemühen Sie sich um eine gute Übersetzung:

ма́стер на все руки
не выхо́дит из головы́
платить той же монетой
не видеть ле́са за дере́вьями
быть свя́занным своим сло́вом
золоты́е ру́ки

Versuchen Sie, folgende Redewendungen den Illustrationen zuzuordnen. Bemühen Sie sich um eine gute Übersetzung.

войти́ в историю
вы́йти из себя
жить как ко́шка с соба́кой
сидеть между двух сту́льев

13

# Скоро поедем в ...

## Куда поехать в отпуск?

**1** Переведите.

Мы были счастливы, когда нас пригласили в Крым.
Говорят, что природа на юге великолепна, дворцы, построенные у моря, прекрасны. Я думаю, это путешествие будет интересным.

**2** Спросите вашего собеседника, куда он хотел бы поехать во время отпуска, и скажите, где вы хотели бы провести каникулы.

Ⓜ А – Куда вы хотели бы поехать?

Б – Я хотел бы поехать в Ита́лию, потому что Италия южная страна. Летом там ежедневно све́тит солнце. Можно загорать. Кро́ме того, я интересуюсь историей Древнего мира. А в Италии, особенно в Ри́ме, сохрани́лось много прекрасных памятников архитектуры. А где вы хотели бы побывать?

А – Меня интересует жизнь францу́зского **наро́да**. Поэтому я хотел бы путешествовать по Фра́нции и, конечно, осмотреть Пари́ж. Вы знаете, в школе я учил французский язык, и путешествие по Франции будет для меня полезной **пра́ктикой**.

Wohin man fahren kann

| | | | |
|---|---|---|---|
| А́встрия | Ве́на | Нидерла́нды | Амстерда́м |
| А́нглия | Ло́ндон | Норве́гия | О́сло |
| Бе́льгия | Брюссе́ль | По́льша | Варша́ва |
| Болга́рия | Со́фия | Португа́лия | Лиссабо́н |
| Ве́нгрия | Будапе́шт | Румы́ния | Бухаре́ст |
| Герма́ния | Берли́н | Финля́ндия | Хе́льсинки |

| | | | |
|---|---|---|---|
| Гре́ция | Афи́ны | Фра́нция | Пари́ж |
| Да́ния | Копенга́ген | Чехо-Слова́кия | Пра́га |
| Ирла́ндия | Ду́блин | Швейца́рия | Берн |
| Испа́ния | Мадри́д | Шве́ция | Стокго́льм |
| Ита́лия | Рим | | |

**3** Повторите по грамматическому справочнику разделы 73–81.

**4** Gestalten Sie Dialoge nach folgenden Mustern.
Verwenden Sie dabei auch Wendungen wie:

Я (не) уверен(-а); я с вами (не) согласен (согласна); по-моему; я думаю, что …

Ⓜ А – Самое интересное путешествие – это путешествие по горам.

Б – Я не согласен (согласна). Путешествие по тайге интереснее путешествия по горам.

А – Я хотел(-а) бы поехать во Влади́мир. Говорят, что Владимир – самый древний город России.

Б – Владимир очень древний и интересный город, но я уверен(-а), что Росто́в и Су́здаль более древние города, чем Владимир.

Продолжите по образцам:
1. Тянь-Шань – самые высокие горы. (Памир)
2. Москва – красивый город. (Санкт-Петербург)
3. Русский музей – самый известный музей. (Эрмитаж)
4. Сочи – очень красивый курорт. (Ялта)

**5** Запомните.

*Steigerung der Adjektive: Einfache Superlativformen*

Attribut zum Substantiv

-ейш- ←Suffixe→ -айш- (nach г, к, х, die mit ж, ч, ш wechseln)

bezeichnen Höchstmaß oder sehr hohes Maß einer Eigenschaft.

На побережье Чёрного моря находятся красивейшие курорты.
Am Ufer des Schwarzen Meeres befinden sich sehr schöne Kurorte.

Байкал – это глубочайшее озеро мира.
Der Baikal ist der tiefste See der Welt.

↗KRS 84, 85

**6** Übersetzen Sie. Stellen Sie fest, ob die Superlativformen ein Höchstmaß oder den sehr hohen Grad einer Eigenschaft ausdrücken.

1. Кавказ – это красивейшие горы России. 2. Высочайшие горы Таджикистана – Памир, а Кыргыстана – Тянь-Шань. 3. Каспийское море – величайшее озеро мира. 4. В прошлом году наши друзья были в древнейшем городе России. 5. Петербургский порт был важнейшим портом России XVIII века.

**7** Прочитайте разговор друзей – советского и немецкого – о планах на каникулы.

А – Томас, куда ты хотел бы поехать в этом году на каникулы?
Т – Ещё не знаю, Андрей. Хотел бы поехать **за грани́цу**. Я считаю, что очень полезно знакомиться с другими странами, с культурой и **тради́циями** других народов.

А – Да, ты прав, ездить в другие страны **действи́тельно** полезно, особенно тогда, если понимаешь язык и умеешь на нём говорить. Приезжай к нам летом. У нас прекраснейшая природа; большие леса, река и озеро. Мы будем гулять по лесу, ловить рыбу и плавать в озере. Вода в озере у нас теплее, чем в море. Кроме того, ты будешь говорить только по-русски. Это будет для тебя хорошей практикой.

Т – Спасибо, Андрей, за приглашение. Плавать я очень люблю. В последние годы мы с родителями отдыхали на Балтийском море. Но там часто шёл дождь. А в этом году я хотел бы побывать на юге, на Чёрном море, например, в Крыму. Говорят, что там всегда светит солнце.

А – Томас, на берегах южных морей хорошо весной и осенью. А летом там очень жарко. Самое хорошее время в Крыму – это апрель – май. Может быть, поедем вместе в горы на Кавказ? Как я люблю Кавказ! Я знаю там прекраснейшие места. Давай поедем вместе на Кавказ!

Т – Да, Андрей, это хорошее предложение. Будем готовиться к путешествию!

**8** Ответьте на вопросы.

Куда Томас хотел бы поехать на каникулы?
Какие предложения делает Андрей Томасу?
О каком путешествии они договорились?

**9** Составьте диалоги о ваших планах на каникулы. Используйте упр. 7.

**10** Gewinnen Sie Ihren sowjetischen Freund für eine gemeinsame Ferienreise. Schildern Sie die Vorzüge dieser Reiseroute. Begründen Sie dabei, warum gerade diese auch für Ihren Freund interessant sein wird.
(Lage, Natur, Sehenswürdigkeiten, Fremdsprachengebrauch.)

**11** Übertragen Sie sinngemäß ins Russische.

Ich reise sehr gern. Ich sehe mir gern unbekannte (незнакомый) Städte an. Mich interessieren besonders alte Stadtkerne. Die Gebäude dieser Stadtteile geben Aufschluß über die Geschichte und Entwicklung einer Stadt. Meine Freundin liebt das Gebirge. Deshalb wollen wir in diesem

Jahr nach dem Süden reisen. Wir werden Bergwanderungen unternehmen, uns die herrliche Natur ansehen und auch Sehenswürdigkeiten in den alten Städten besichtigen.

## Вы уже там были?

**12** Переведите.

А – С кем вы ездили прошлым летом на Кавказ?
Б – Я ни с кем не ездил на Кавказ.

А – У кого вы отдыхали?
Б – Я ни у кого не отдыхал.

**13** Запомните.

*Negativadverbien*

| | | | |
|---|---|---|---|
| когда? | wann? | **никогда́** | niemals |
| куда? | wohin? | **никуда́** | nirgendwohin |
| где? | wo? | **нигде́** | nirgends |

**Я везде́ иска́л** книгу о Сибири, но нигде не нашёл её.

↗ KRS 224, 2

**14** Переведите.

А – Куда вы ездили зимой?
Б – Я никуда не ездил, я остался дома.

А – А когда вы были в Санкт-Петербурге?
Б – Я никогда не был в Санкт-Петербурге.

А – Где вы останавливались?
Б – Мы нигде не останавливались.
А – Где вы хотели бы провести будущие каникулы?
Б – Нигде. Я буду заниматься дома.

**15** Verneinen Sie die hervorgehobenen Wörter und Wortgruppen der nachstehenden Sätze. Beachten Sie dabei die Wortstellung.

1. В прошлом году мы с другом ездили *на Урал.* А они … 2. Нина часто плавала *в море.* А я … 3. *По вечерам* мы встречались с друзьями в парке. А они … 4. Вчера мы с Игорем ходили *в музей.* А они … 5. *Иногда* мы с родителями ходили в театр. А наши друзья …

**16** Unterhalten Sie sich mit einem Angestellten im Reisebüro «Интурист» über Ferienreisen.

| Angestellter im Reisebüro | Tourist |
| --- | --- |
| Fragen Sie,<br>– ob Ihr Gesprächspartner schon an einem bestimmten Ort in Rußland war. | Sagen Sie,<br>– daß Sie leider noch nie dort waren,<br>– daß Sie gern dorthin reisen würden, |
| Schlagen Sie eine Reiseroute vor. | – daß Sie dorthin nicht fahren wollen, weil Sie andere Interessen haben (sich für Geschichte, Architektur, Musik usw. interessieren),<br>– welche Reise Ihrem Geschmack entsprechen würde, |
| Empfehlen Sie eine andere Reise. Schildern Sie die Vorzüge dieser Reiseroute. Vergleichen Sie mit anderen Landschaften beziehungsweise Orten. | – daß Sie mit solch einer Reise einverstanden wären. |
| | Fragen Sie, ob so eine Reise sehr teuer ist. |
| Sagen Sie, daß so eine Reise teurer (sogar billiger) ist als andere Reisen. | Reagieren Sie auf das Angebot. |

**17** Gestalten Sie für ein Reisebüro einen Werbeprospekt, in dem Sie russischen Touristen eine Reiseroute in Deutschland vorstellen.

13

## Мы дружно живём

**18** Прочитайте без словаря.

### В НАШЕЙ СЕМЬЕ ВСЁ РЕШАЕТ ПАПА

Каждый год мама и папа решают, куда мы поедем отдыхать летом. Обычно они долго обсуждают, где и как мы будем отдыхать, потому что не могут сра́зу[1] решить этот вопрос. У каждого из нас свои интересы, свои любимые занятия. Мама любит прохладную погоду, ей нравится гулять в лесу, она любит отдыхать там, где тихо и мало людей. Папа любит ловить рыбу. Для него – это самое важное занятие. А я люблю плавать.

Однажды папа пришёл домой с работы и сказал:

– Добрый вечер! Давайте обсудим, где мы будем отдыхать летом. В прошлом году мы ездили туда, куда хотела поехать мама. В этом году я хочу, чтобы мы поехали на Чёрное море.

– Конечно, дорогой, – сказала мама, – ты сам должен решить, куда мы поедем отдыхать.

– У меня будет отпуск в июле, и мы поедем на Чёрное море.

– Папа, а что мы будем там делать? – спросил я.

– Будем отдыхать, ловить рыбу, а ты с мамой будешь плавать.

– Это прекрасно, – сказала мама, – но на Чёрном море очень много рыбаков.

– Я с тобой не согласен. Я думаю, нам не нужно спорить, – серди́то[2] сказал папа.

– Папа, может быть, есть место, где много рыбы и мало рыбаков? – спросил я.

– Я не знаю, – ответил папа. – Наверное, мама знает.

– Рыба есть и в Балтийском море, – сказала мама. – Там, я знаю, прекрасное тихое место, очень хороший пансионат, который был по-

[1] sofort [2] böse

строен только в прошлом году. Если мы поедем туда, ты сможешь ловить рыбу.
– Я хотел бы поехать на Балтийское море. Поедем туда! Ведь мы ещё не бывали там, – сказал я.
– Но, дорогой, всё решает папа, – сказала мама.
– Ну, хорошо. Я согласен, – сказал папа. – Как называется этот пансионат? Я напишу туда письмо и узнаю, есть ли там свободные места.
– Не нужно, дорогой, – сказала мама. – Я уже купила путёвки. У нас будет маленький дом на берегу моря.

Ответьте на вопросы.
Какой вопрос каждый год обсуждает эта семья?
Почему они так долго решают этот вопрос?
Кто в этом году решил вопрос об отдыхе?
Что вы думаете о маме?

**19** Расскажите, как решают вопрос об отдыхе в вашей семье.

**20** a) Suchen Sie die Bedeutung folgender Wörter im Wörterbuch auf:
за́пах, одино́чество, охо́та, ружьё

b) Erschließen Sie die Bedeutung der unbekannten Wörter mit Hilfe bekannter Wörter und aus dem Sinnzusammenhang:

| | | | |
|---|---|---|---|
| па́хнуть | – запах | заду́мчиво | – думать *о чём*? |
| охо́титься | – охота | воспомина́ние о тайге | – воспоминать о тайге |
| руже́йный | – ружьё | ра́дость | – *Subst. zu* рад |
| весе́лье | – весело разговаривать, танцевать, петь | ра́достный | – (он) рад |
| | | скуча́ть | – скучно |
| мно́жество | – много | свет | – светлый |

**21** Прочитайте текст со словарём.

ГОЛУБОЕ И ЗЕЛЁНОЕ

… А через неделю мы с матерью уезжаем на север. Я давно мечта́л об этой поездке. Но теперь жизнь в деревне для меня полна́ особенного значения и смысла.
Я впервы́е попа́л в настоящие ди́кие леса[1] и весь переполнен радостью

[1] richtiger Urwald

первооткрывáтеля[1]. У меня есть ружьё, мне купили его, когда я окончил девять классов. Я брожý[2] совсем один и не скучаю. Я люблю людей, люблю весéлье, смех, но теперь я рад почему-то своему одиночеству. Иногда я устаю́. Тогда сажýсь и смотрю на широкую реку, на блéдное осеннее небо.

Уже август, и на севере часто стоит плохая погода. Но и в плохую погоду, и в солнце рано утром выхожу я из дому и иду в лес. Там я охочусь и собираю грибы или просто перехожу с поля́ны на поляну и смотрю на белые ромáшки, которых здесь множество. (…)

Мало ли что можно делать в лесу! Можно просто лежать, слушать гул сóсен[3] и думать о Лиле. Можно даже говорить с ней. И я рассказываю ей об охоте, об озёрах и лесах, о прекрасном запахе ружейного ды́ма, и она понимает, хотя жéнщины вообщé не любят и не понимают охоты. (…)

Через месяц я возвращáюсь в Москву. Прямо с вокзала, едвá поставив дома чемоданы, я иду к Лиле. Вечер, её окна светятся – значит, она дома. Я подхожу к окну, и смотрю сквозь занавéску.

Лиля сидит за столом одна у настольной лампы и читает. Лицо её задýмчиво и печáльно. Она перевёртывает страни́цу, поднимáет глаза и смотрит на лампу. Какие у неё тёмные глаза! Почему я раньше думал, что они серые? Они совсем тёмные, почти чёрные. Я стою под лесами, пахнет штукатýркой и соснóй. Этот соснóвый запах доносится ко мне, как далёкий óтзвук[4] моих охот, как воспоминание обо всём, что я оставил на севере. За моей спиной слышны шаги́ прохóжих. Люди идут куда-то, спешáт, чётко шагáя по асфальту, у них свои мы́сли и своя любовь, они живут каждый своей жизнью. Москва оглуши́ла меня своим шýмом, огня́ми, запахами, … от которых я отвы́к за месяц. (…)

[1] voller Entdeckerfreude [2] umherwandern [3] hier: Rauschen der Kiefern [4] entferntes Echo

– Лиля! – зову я негромко.

Она вздра́гивает, брови её поднимаются. Потом она встаёт, подходит к окну, отодвига́ет занавеску, наклоня́ется ко мне, и я близко вижу её тёмные радостные глаза.

– Алёша! – говорит она медленно. – Я сейчас выйду. (...)

Я перехожу на другую сторону и смотрю на её окна. Вот га́снет свет, проходит короткая минута, и в чёрной ды́ре ворот показывается фигура Лили. Она сразу замеча́ет меня и бежит через улицу. Она хвата́ет мои руки и долго де́ржит их в своих руках. (...)

– Пойдём гулять! – говорит она. (...)

Но мне неудобно идти с ней. Я только на минуту зашёл повидать её. ...

(По Ю. Казако́ву)

**22** Ответьте на вопросы.

Где и как Алёша провёл каникулы?
Что сделал Алёша, когда он вернулся в Москву?
Как вы думаете, почему ему было неудобно гулять с Лилей?

**23** Выучите новые слова.

| | | |
|---|---|---|
| грани́ца | Ausland | ехать за границу<br>жить за границей |
| наро́д | Volk | русский народ |
| пра́ктика | Praxis, Übung | |
| тради́ция | Tradition | знакомиться с традициями русского народа |
| действи́тельно | tatsächlich | Это действительно так. |
| иска́ть *кого? что?* (↗ KRS 222) | suchen | Кого ты ищешь? |
| везде́ | überall | У нас везде хорошо. |

| | | |
|---|---|---|
| нигде́ | nirgends | нигде не найти |
| никогда́ | niemals | Он никогда не был в … |
| никуда́ | nirgendwohin | Я в этом году никуда не поеду. |

## Мимоходом

– Господин Моцарт, я хотел бы сочинить симфонию. Дайте совет!
– Для симфонии вы ещё слишком молоды, начните с вальса.
– Но вы написали симфонию, когда вам было 10 лет!
– Да, но я никого не спрашивал, как её писать …

*

Один человек пришёл к своему другу и попросил у него книгу.
– Мне жаль, – сказал друг, – но я не могу дать тебе книгу, потому что я никому не даю свои книги.
– Почему?
– Потому что их никогда не возвраща́ют.
– Ты в этом уверен?
– Конечно! Я это точно знаю: вся моя библиотека составлена из книг, которые я сам когда-то зачитал[1].

Кинозвездочёт

«Четвёрка» – это стаби́льность и постоя́нство. У людей, рождённых под этой цифрой, большой авторитет в их областях.

Кто, например, лучше всех[2] пугает? Борис Ка́рлофф, знаменитый монстр западных «фильмов у́жасов».

А кто умнее всех[3] смешит? Ву́ди А́ллен, мастер интеллектуальной комедии.

«Четвёрки – женщины» – это женщины с характером. Очарова́тельная Катри́н Денёв, экспансивная Анни́ Жирардо́, хру́пкая вне́шне, но сильная вну́тренне Стефа́ния Сандре́лли.

[1] не вернуть книгу [2] am besten [3] am geistreichsten

# Встречи с друзьями

## О себе

**1** Расскажите о себе.

Назовите имя, фамилию, скажите, сколько вам лет, когда у вас день рождения, когда вы пошли в школу, когда окончите её, кем вы хотите стать, с кем вы дружите, почему вы дружите с ними.

**2** Напишите приглашение.

Пригласите вашего русского друга к себе домой.

**3** Ваш русский друг, которого вы пригласили провести у вас каникулы, приедет сегодня.

Встретьте его на вокзале (в аэропорту).

**4** По пути к вам домой скажите вашему другу, где находится дом, в котором вы живёте, как доехать до вашего дома от вокзала.

**5** Вы приехали в вашу квартиру. Познакомьте вашего друга с вашей семьёй.

**6** Покажите вашему другу вашу квартиру.

**7** Вечером все сидят за праздничным столом.

а) Прочитайте разговор по ролям.

Мама: Скажите, Валерий, что у вас нового? Как живут ваши родители?

Валерий: Спасибо. Родители живут неплохо, работают. Вы знаете, папа по профессии инженер. Работал на заводе. А теперь он работает бригадиром на строительстве под Москвой. У него тяжёлая работа. А мама работает в больнице. У неё мало свободного времени, потому что она работает в две сме́ны (in zwei Schichten).

Папа: Валерий, вы в этом году окончили десятый класс? Что вы будете делать? Поступите вы на работу или в институт?

Томас: Ты написал мне, что хочешь стать информатиком. Значит, ты в сентябре поступишь в технический институт?

Валерий: Нет, в этом году я ещё не буду поступать в институт. Сначала мне надо поступить на работу и учиться на электрика. А поступать в институт смогу только через два года. А ты, Томас? Ты уже нашёл предприятие, где можешь учиться? Я читал в газете, что и у вас теперь много безработных и трудно найти рабочее место.

Томас: Да, очень трудно. Я долго искал, отправил на разные предприятия много заявлéний о приёме на работу (Bewerbungsschreiben). Наконец, нашёл место на машинной фабрике, где могу учиться на слесаря.

Папа: Ну, ребята, а теперь у вас каникулы.

б) О чём бы разговаривали вы?

**8** Прочитайте текст со словарём.

ЗИНОЧКА

(по рассказу А. П. Чехова)

Я хочу рассказать, почему меня ненави́дела молодая, красивая девушка.

Мне было тогда 8 лет. В один прекрасный летний вечер я и моя гувернантка Зиночка занимались. Я отвечал на вопросы Зиночки, гля́дя в окно. На дворе в это время мой отец собирался на охоту. Мать и сёстры уезжали к соседям. Посмотрев в окно, Зиночка сказала:

– Теперь арифметика. Решите задачу номер 325, а я ... сейчас приду ...

Она вышла. А я тоже побежал в сад. В саду я увидел, как мой старший брат Саша целова́лся с Зиночкой. Когда я ложился спать, Зиночка зашла в мою комнату.

– А я знаю! – сказал я улыбаясь.

– Что вы знаете?

– Я видел, как вы целовались с Сашей. Я скажу маме.

– Петя, это ни́зко. Будьте мужчи́ной. Не говорите никому. Поря́дочные люди не шпио́нят.

Я не учил уроков, но Зиночка ставила мне пятёрки и не жа́ловалась на меня отцу.

Однажды за обедом, когда у нас было много гостей, я посмотрел на Зиночку и сказал:

– А я знаю ... я видел ...

– Что ты знаешь? – спросила мать.
В тот же день во время вечерних занятий лицо Зиночки было строгим и холодным. Вдруг она сказала:
– Ненави́жу! Как я тебя ненавижу! Мне хочется, чтобы ты узнал это.
Я пожаловался матери и рассказал, что Саша целовался с Зиночкой. Зиночка уехала от нас. Скоро она стала женой брата. Но и теперь, когда я постарел, она смотрит на меня с не́навистью. Очеви́дно, ненависть так же не забывается, как и любовь ...

(По: Короткие рассказы, Москва)

Расскажите, почему Зиночка ненавидела Петю.

**9** Übersetzen Sie den ersten Abschnitt (bis ... зашла в мою комнату.) schriftlich. Beachten Sie dabei die Wiedergabe der Adverbialpartizipien.

## Хобби и спорт

**10** Поговорите друг с другом о том, как вы проводите свободное время.
– Какое у вас хобби?
– Вы собираете марки (монеты, авто́графы, ...)?
– Какие книги вы любите читать?
Какая книга произвела на вас большое впечатление?
О чём рассказывается в этой книге?
Где и когда происходит действие?
Кто герои этой книги?
О каких проблемах говорится в этой книге?
– Любите ли вы ходить в театр (в кино)?
Кто ваш любимый артист (любимая артистка)?
– Какую музыку вы любите?
На какие концерты вы ходите?
Вы сами играете на гитаре (на пиани́но, ...)?
– Каким спортом вы увлекаетесь, каким не интересуетесь, каким занимаетесь?
Вы участвовали в спортивных соревнованиях?
Каких результатов вы достигли?
– Что вы думаете о большом спорте? Нужен ли он?

**11** Пригласите вашего друга
– на концерт,
– в театр,
– в кинотеатр и скажите ему, какая будет программа.

**12** Побеседуйте о спектакле (фильме), который вы недавно смотрели.
Расскажите о том,
– какой это фильм (спектакль),
– о какой проблеме говорится в нём,
– как играли артисты,
– как спектакль (фильм) был поста́влен (inszeniert).

**13** Предложите вашему другу пойти с вами на стадион
– на футбольный (баскетбольный, волейбольный) матч между командами ...
– на соревнования по лёгкой атлетике (художественной гимнастике, фигурному катанию),
– на первенство страны (Европы) по ...
Поговорите о результатах команд (спортсменов).

**14** СЛУЧАЙ НА РЕКЕ

Прочитайте и найдите в тексте ответы на вопросы.
Где друзья отдыхали в воскресенье?
Что делали мальчики на реке?
Что там случилось?

## 14

Мой друг Виктор и я любили отдыхать на реке. Виктор плавал очень хорошо, а я немного хуже.

Однажды в воскресенье мы рано утром поехали за́ город. Погода была прекрасная.

Как только мы дошли до удобного места на берегу реки, Виктор быстро разде́лся, бро́сился в воду и поплы́л. А я лёг на песо́к и начал читать книгу. Книга была очень интересная, и я забыл обо всём на све́те.

Когда я посмотрел на часы, было уже два часа.

– Виктор! – кри́кнул я, но ответа не было. Я встал и посмотрел вокруг. Виктора не было видно. – Он утону́л! – подумал я и в стра́хе начал кричать и звать на помощь. Потом побежал на спаса́тельную станцию. Сначала стали искать Виктора. Я тоже бросился в воду, долго плавал, ныря́л, чтобы найти своего друга. Наконец я решил вернуться на берег. В этот момент недалеко от меня появилась голова Виктора.

– Что ты здесь делаешь? – закричал я.

– Помогаю искать утону́вшего, – ответил Виктор.

Я не знал, серди́ться ли мне или радоваться.

– Ведь это тебя ищут. Я думал, что ты утонул, – сказал я Виктору. Когда мы доплыли до берега, Виктор рассказал мне: – Я переплыл через реку на другой берег, лёг там отдохнуть и усну́л. Когда я просну́лся, было уже около двух часов. Я услышал крик, что в реке кто-то утонул. Вот я и поплыл его спаса́ть.

**15** Что вы думаете о характере друзей?

**16** Übertragen Sie ins Russische.

1. Es gibt keinen schöneren Sport als den Tourismus. 2. Touristische Wanderungen machen den Menschen gesünder. 3. Tägliches Training macht den Menschen widerstandsfähiger (выно́сливый) und kräftiger (кре́пкий). 4. Leiter einer Gruppe soll der erfahrenste (о́пытный) der Teilnehmer sein.

**17** Что надо знать начинающему туристу?

Прочитайте текст и ответьте на вопросы по-русски.

Was sagt der Autor des Artikels über den Wandersport?
Welche Ratschläge erteilt er den Anfängern des Wandersports?
Was sollte jeder Wanderer auf seinen Touren beachten?

Нет отдыха прекраснее туризма! Он приносит не только большую радость, но и большую пользу. В туристских походах человек здоровéет, закаля́ется, мужáет. И нигде так, как в туристских походах, не укрепляются нервная система, сила воли и стóйкость. А важнее всего то, что туризм приучает всегда помнить и заботиться о товарищах.

Чтобы туристский поход прошёл хорошо, нужно подготовиться к нему.

Надо регулярно тренироваться, понемнóгу увели́чивая коли́чество пройденных за день километров и тя́жесть рюкзакá. Постепéнная тренировка делает человека вынóсливее и крепче.

В походе должен быть руководитель. Это всегда самый опытный из участников, он отвечает за всю группу и за успех похода. Конечно, он советуется со всеми, но решение руководителя окончáтельно для всех.

Но это ещё не всё. Хорошим туристом станет тот, кто постоянно помнит о товарищах. Надо уметь быть забóтливым, внимáтельным. Основнóе прáвило поведéния: «Один за всех и все за одного». И ещё одна обя́занность у туристов: турист должен берéчь красоту природы. Нельзя разводить костёр в лесу, а пусты́е банки и мýсор надо аккуратно закáпывать.

Разрабатывать маршрýт надо так, чтобы идти не торопя́сь, чтобы не только смотреть, но и видеть.

Тому, кто решил ходить по земле с рюкзаком за плечáми – доброго пути!

(По Географическому ежегоднику: «Глобус»)

## Прогулка по городу

**18** Расскажите вашему другу о вашем городе или о столице вашей страны.

– Где он (она) расположен(-а), когда и кем был(-а) основан(-а), сколько в нём (ней) жителей, какие отрасли промышленности развиты, какие достопримечательности, культурные учреждения (Einrichtungen), улицы и площади находятся в нём (ней), какие знаменитые люди в нём (ней) жили; скажите, нравится ли вам этот город. Почему?

**19** Ihr Freund möchte seinen Eltern ein Telegramm, seinen Großeltern einen Brief und seinen Freunden Ansichtskarten schicken. Für seine Briefmarkensammlung möchte er Briefmarken kaufen. Helfen Sie ihm dabei.

**20** Вашему другу надо купить зубну́ю щётку, свою он забыл дома. Кроме того, он хочет купить себе майку, а для родителей и друзей – сувениры.
Пойдите с ним в универмаг. Расскажите ему, где и какие отделы находятся в универмаге.
Помогите ему при покупке.

**21** Der Urlaub Ihres Freundes neigt sich dem Ende.
In der nächsten Woche möchte er nach Hause fahren.
Gehen Sie mit ihm auf den Bahnhof.
- Lesen Sie ihm aus dem Fahrplan die Abfahrts- und Ankunftszeiten der Züge nach Moskau russisch vor.
- Fragen Sie ihn, mit welchem Zug er fahren möchte, ob er eine Platzkarte braucht.
- Sagen Sie ihm, daß es für diesen Zug keine freien Plätze mehr gibt, daß es aber für den Zug, der um ... Uhr von Berlin abfährt, noch freie Plätze gibt,
  daß der Zug vom Bahnsteig 1 abfährt und am nächsten Tag um ... in Moskau ankommen wird.

## Скоро мы поедем в Москву

**22** Ihr Freund hat Sie nach Moskau eingeladen.
Bedanken Sie sich für die Einladung und sagen Sie ihm,
- was Sie sich in Moskau ansehen möchten,
- daß Sie in eine Disko gehen möchten.

**23** Teilen Sie Ihrem Freund schriftlich mit,

- wann Sie in Moskau eintreffen werden;
- auf welchem Bahnhof Ihr Zug ankommen wird,
- daß Sie sich sehr freuen, Moskau kennenzulernen.

Erkundigen Sie sich, wie Sie zu seiner Wohnung gelangen, falls Sie sich nicht am Bahnhof treffen sollten.

**24** Прочитайте текст.

РУССКИЕ И МЫ

Бли́зкие и те́сные отноше́ния между русским и немецким народами имеют богатую традицию.

Политические, культурные и торговые связи уже сложи́лись в IX–XV веках.

В XVII–XVIII веках стали развиваться научные контакты между обе́ими странами. Немецкий учёный, языкове́д Генрих Ви́льгельм Лю́дольф в 1696 году написал учебник «Грамматика русского родного языка». А Го́тфрид Ви́льгельм Ле́йбниц по просьбе царя Петра I разработал проекты развития образования и государственного управления в России. Михаи́л Васи́льевич Ломоно́сов учился в Германии, откуда привёз себе немецкую жену.

По приглашению Петра I и Екатери́ны II в Россию приехало много немцев. Они работали на первых русских заводах, на строительстве дворцов, каналов и дорог. Их влияние закрепилось в таких географических названиях, как например, Оренбу́рг, А́длер, остров Вра́нгеля.

Оба народа были союзниками в войне с Наполео́ном. В память об этом союзе в Лейпциге были построены памятник Би́твы наро́дов и Русская церковь в честь павших русских солдат. Берлинская площадь Александерплац названа в честь царя Александра I.

# 14

К началу XIX века стали тесными русско-немецкие литературно-художественные связи. Переводы Жуко́вского и других авторов открыли русским немецкую классическую и романтическую поэзию и прозу. А произведения Ф. М. Достое́вского, И. С. Турге́нева и Л. Н. Толсто́го, переведённые на немецкий язык, стали и культурным богатством немецкой буржуазии.

Многие русские поэты и писатели, как Мари́на Цвета́ева, Влади́мир Маяко́вский, Макси́м Го́рький, Бори́с Пастерна́к и Лев Ко́пелев, выразили в своих произведениях свою любовь и уважение к немецкому народу.

В нашем Европейском доме всем нам очень важно дружно жить и хорошо понимать друг друга.

Что вы думаете на эту тему?

# Sprachmittel zur Realisierung wichtiger Äußerungsabsichten

| | |
|---|---|
| Name | – Как тебя́ зову́т?<br>– Ра́я. А как вас зову́т?<br>– Меня́ зову́т А́нна Петро́вна. |
| Alter | – Ско́лько тебе́ лет?<br>– Мне 13 лет.<br>– Когда́ ты роди́лся(-ла́сь)?<br>– Я роди́лся(-ла́сь) 23 ию́ля 19___ го́да.<br>Я роди́лся(-ла́сь) в 19___ году́. |
| Geschwister | – У тебя́ есть брат и́ли сестра́?<br>– Есть. У меня́ есть брат и сестра́.<br>– А у тебя́?<br>– У меня́ нет бра́та и сестры́.<br>– Он (она) ста́рше (моло́же) меня́ на 2 го́да (5 лет). |
| Erkundigung nach dem Beruf | – Кто ваш (твой) оте́ц (по профессии)?<br>– Мой оте́ц – учи́тель. (Мой оте́ц по профе́ссии учи́тель.)<br>– Кем рабо́тают ва́ши (твои́) роди́тели?<br>– Мой оте́ц работал учи́телем. Но сейчас он безрабо́тный. |
| Erkundigung nach der Arbeitsstelle der Eltern | – Где рабо́тают твои́ роди́тели?<br>– Ма́ма рабо́тает в шко́ле. Она́ учи́тельница.<br>А па́па рабо́тает на заво́де. |
| Berufswunsch | – Кем ты хо́чешь стать?<br>– Я хочу́ стать учи́тельницей.<br>– Я хочу́ стать сле́сарем. После оконча́ния шко́лы я поступлю́ в профессиона́льное учи́лище. |
| Adresse | – Где ты живёшь?<br>– Я живу́ в..., на у́лице Bahnhofstraße.<br>Моя́ родна́я дере́вня Altenkirchen.<br>Она́ нахо́дится на се́вере на́шей страны́. |
| Name der Schule | – В како́й шко́ле ты у́чишься?<br>– В шко́ле и́мени Гёте. |
| Klasse | – В како́м кла́ссе ты у́чишься?<br>– В девя́том. |
| Unterrichtsfächer | – Каки́е у тебя́ сего́дня уро́ки?<br>– Сего́дня у меня́ хи́мия и черче́ние.<br>– По каки́м дням у вас англи́йский язы́к?<br>– По вто́рникам и четверга́м. |

| | |
|---|---|
| Hobbys | – Что ты де́лаешь в свобо́дное вре́мя?<br>– Я занима́юсь спо́ртом, игра́ю в футбо́л.<br>А ещё я люблю́ слу́шать му́зыку.<br>– Что ты лю́бишь де́лать?<br>– Я люблю́ чита́ть. А ты?<br>– Я о́чень интересу́юсь му́зыкой. |
| Können | – Ты уме́ешь ката́ться на велосипе́де?<br>– Уме́ю.<br>– Ты хорошо́ игра́ешь в хокке́й?<br>– Хорошо́. |
| Wunsch | – Я хочу́ перепи́сываться с ма́льчиком.<br>– Дава́й перепи́сываться.<br>– Я хоте́л бы осмотре́ть телеба́шню. |
| Entschuldigung | – Извини́те, пожа́луйста, ...<br>– Прости́те, пожа́луйста, ... |
| Dank | – Спаси́бо.<br>– Большо́е вам спаси́бо. |
| Erkundigung nach dem Weg/nach dem Ziel | – Куда́ ты идёшь, Вади́м?<br>– Я иду́ домо́й.<br>– Скажи́те, пожа́луйста, как дое́хать до кинотеа́тра?<br>– Э́то недалеко́. Туда́ мо́жно дойти́ пешко́м. Иди́те пря́мо, а пото́м нале́во (напра́во).<br>– Где нахо́дится ра́туша?<br>– Недалеко́ от це́нтра, ря́дом с по́чтой, напро́тив универма́га.<br>– Прости́те, пожа́луйста, где нахо́дится ...?<br>Э́то далеко́?<br>Как туда́ дойти́ (дое́хать)?<br>Туда́ мо́жно дойти́ пешко́м?<br>Извини́те, как дойти́ (дое́хать) до ...?<br>Вы не зна́ете, на како́м авто́бусе мо́жно дое́хать до ...?<br>– Вы выхо́дите?<br>– Разреши́те пройти́. |
| Erkundigung nach Sehenswürdigkeiten | – Что сто́ит осмотре́ть?<br>– Сто́ит осмотре́ть за́мок.<br>Я предлага́ю обяза́тельно осмотре́ть ...<br>Я сове́тую вам (тебе́) осмотре́ть ... |
| Einkauf | – Извини́те, где мо́жно купи́ть ...?<br>Где здесь продаю́т ...?<br>– В магази́не «Пода́рки».<br>– Скажи́те, пожа́луйста, у вас есть ...?<br>– Покажи́те мне, пожа́луйста, ...!<br>– Да́йте мне, пожа́луйста, ...!<br>– Ма́йки бе́лого цвета́ то́же есть? |

– Мо́жно приме́рить?
– Како́й разме́р ну́жен?
– Сорокова́й.
– Это мне подхо́дит (идёт, нра́вится).
– Ско́лько сто́ит …?
– 4 рубля́.
– Я возьму́ … Ско́лько с меня́?
– (С вас) 12 рубле́й 80 копе́ек.

## Weitere wichtige Wendungen zum Führen von Gesprächen

| | |
|---|---|
| Begrüßung und Erkundigung nach persönlichem Befinden | – Здра́вствуйте, Ива́н Петро́вич.<br>– Здра́вствуй, Ни́на.<br>– До́брое у́тро! До́брый день! До́брый ве́чер! Приве́т!<br>– (Очень) рад(-а; -ы) вас (тебя́) ви́деть.<br>– Как вы живёте? – Хорошо́. Прекра́сно. (Не-)пло́хо.<br>– Как живёшь? Норма́льно. Ничего́. Нева́жно.<br>– Как дела́?<br>– Что но́вого? – Всё по-ста́рому. |
| Sich miteinander bekannt machen, jemanden vorstellen | – Дава́йте познако́мимся. (Меня́ зову́т) Оле́г (О́льга). Оле́г Петро́вич (О́льга Петро́вна). Я Ивано́в(-а).<br>– Очень прия́тно (с ва́ми познако́миться).<br>Я рад(-а) с ва́ми (тобо́й) познако́миться.<br>Я о вас (тебе́) слы́шал(-а).<br>– Познако́мьтесь (пожа́луйста)!<br>– Мы уже знако́мы. Мы уже встреча́лись. |
| Verabschiedung | – Уже по́здно. Пора́ идти́ (е́хать) домо́й.<br>– До свида́ния, Ива́н Петро́вич (Ни́на).<br>– До за́втра (ве́чера, вто́рника, …)!<br>– До (ско́рой) встре́чи!<br>Всего́ хоро́шего (до́брого)!<br>Счастли́вого пути́!<br>Пока́!<br>Спаси́бо за приглаше́ние (гостеприи́мство, прия́тный ве́чер).<br>Переда́йте приве́т на́шим друзья́м!<br>Приходи́те к нам …!<br>Приезжа́йте ещё!<br>Звони́те!<br>Пиши́те! |
| Einladung | – Я хоте́л(-а) бы пригласи́ть вас (тебя́) …<br>(Я) приглаша́ю вас (тебя) на (в) …<br>Приезжа́йте ко мне (к нам) в го́сти!<br>Приходи́(-те) ко мне! |

| | |
|---|---|
| | Пойдёмте со мной на (в) …<br>– Спаси́бо за приглаше́ние, обяза́тельно приду́ (прие́ду).<br>С удово́льствием приду́ к вам.<br>К сожале́нию, не могу́.<br>Жаль, но сего́дня я за́нят(-а́). |
| Verabredung | – Встре́тимся че́рез два часа́.<br>– Хорошо́, а где?<br>– На у́лице …, у остано́вки авто́буса. |
| Gratulation – Glückwunsch | – Поздравля́ем тебя́ с пра́здником (днём рожде́ния).<br>Жела́ю тебе́ всего́ хоро́шего.<br>Мы жела́ем вам сча́стья и здоро́вья. |
| Aufforderung zu gemeinsamer Handlung | – Бори́с и Марк, дава́йте вме́сте смотре́ть телеви́зор.<br>– Дава́й, Тама́ра. |
| Begründen von Aussagen | – По́сле оконча́ния шко́лы я хочу́ стать учи́тельницей, потому́ что мне нра́вится рабо́та с детьми́.<br>Мне нра́вится рабо́та с детьми́, поэ́тому по́сле оконча́ния шко́лы я хочу́ стать учи́тельницей. |
| Aussagen über den Inhalt eines Buches (Liedes, Theaterstücks) | (В кни́ге) речь идёт (расска́зывается, говори́тся) о собы́тиях восемна́дцатого ве́ка.<br>(В кни́ге) речь идёт о том, каки́е собы́тия происходи́ли в семна́дцатом ве́ке. |

| | | |
|---|---|---|
| Gewißheit, Ungewißheit und Zweifel; Zustimmung und Ablehnung | Я в э́том (совсе́м) уве́рен(-а). | Я в э́том (совсе́м) не уве́рен(-а). |
| | Я в э́том по́лностью уве́рен(-а). | Я в э́том по́лностью не уве́рен(-а). |
| | Я (совсе́м) уве́рен(-а), что … | Я (совсе́м) не уве́рен(-а), что … |
| | Я счи́таю *(кого? кем?)* | |
| | По-мо́ему, … | |
| | Я ду́маю, что … | Я думаю ина́че. |
| | Мне ка́жется, что … | |
| | Может бы́ть, … | |
| | Я бою́сь, что … | |
| | Наве́рно, … | |
| | Да. | Нет. |
| | Коне́чно. | Коне́чно, нет. |
| | (Совсе́м) пра́вильно. | Не (совсе́м) пра́вильно. |
| | Вы (по́лностью) пра́вы. | Вы (по́лностью) не пра́вы. |
| | Я (по́лностью) согла́сен(-сна) с ва́ми (тобо́й). | Я (по́лностью) не согла́сен(-сна) с ва́ми (тобо́й). |
| | Это так. | Это (совсе́м) не так. |
| | Я (совсе́м) не про́тив (э́того). | Я (совсе́м) про́тив (э́того). |
| | Я того́ же мне́ния. | Я друго́го мне́ния. |

| | |
|---|---|
| Erkundigung nach dem Wetter | – Какáя погóда бýдет зáвтра?<br>– Зáвтра бýдет тепло́.<br>– Тебé не хо́лодно?<br>– Нет, мне тепло́. |
| Zeitangabe | – Какóе сегóдня числó?<br>– Сегóдня деся́тое ноября́.<br>– Котóрый час?<br>– Четы́ре часá двáдцать две минýты.<br>– Когдá начинáется пéрвый урóк?<br>– В семь часóв сóрок пять минýт. |
| Sprachliche Verständigung | – Вы говори́те по-рýсски?<br>– Я вас не пóнял(-á). Повтори́те, пожáлуйста.<br>Говори́те, пожáлуйста, мéдленнее.<br>Что знáчит «...» по-немéцки? |

# Wortschatz zur Auswahl

| | |
|---|---|
| **Aal** | у́горь; угри́ |
| **Abenteuerfilm** | приключе́нческий фильм |
| **Abenteuerroman** | приключе́нческий рома́н |
| **Abziehbild** | переводна́я карти́нка |
| **Ackerbau** | полево́дство |
| **Akkordeon** | аккордео́н |
| **angeln** | лови́ть ры́бу |
| **Angestellte**(-r) | слу́жащий (-ая) |
| **Anhänger** | брело́ки |
| **Apotheke** | апте́ка |
| **Aquarium** | аква́риум |
| **Arbeitsberater** | консульта́нт по трудоустро́йству |
| **Architekt** | архите́ктор |
| **Armband**, -reif | брасле́т |
| **Aufkleber** | накле́йка |
| **ausländische Literatur** | зарубе́жная литерату́ра |
| **Auswahl (Länder-)mannschaft** | сбо́рная |
| **Autogramm** | авто́граф |
| **Autoschlosser** | автосле́сарь |
| **Baden-Württemberg** | Ба́ден-Вю́ртемберг |
| **Ballett** | бале́т |
| **Band** *(Musikgruppe)* | анса́мбль |
| **Barsch** | о́кунь |
| **Basketball** | баскетбо́л |
| **Baukasten** | констру́ктор |
| **Bauwesen** | строи́тельство |
| **Bayern** | Бава́рия |
| **Beamte(-r)** | госуда́рственный (-ая) слу́жащий (-ая) |
| **Beatmusik** | бит-му́зыка |
| **Belgien** | Бе́льгия |
| **bescheiden** | скро́мный |
| **Birke** | берёза |
| **Blei** *(Fisch)* | лещ |
| **Blues** | блюз |
| **Bobsleigh** | бо́бслей |
| **Bowling** | бо́улинг |
| **Boxen** | бокс |
| **Brandenburg** | Бранденбу́рг |
| **Bremen** | Бре́мен |
| **Brosche** | брошь |
| **Brunnen** | коло́дец |
| **Buche** | бук |
| **Buchhalter** | бухга́лтер |

| | |
|---|---|
| **bügeln** | гла́дить |
| ich bügele Wäsche | я гла́жу бельё |
| **Bulgarien** | Болга́рия |
| **CD-Player** | прои́грыватель компа́ктных ди́сков |
| **Comics** | ко́микс |
| **Country music** | ка́нтри |
| **Creme** | крем |
| **Dachdecker** | кро́вельщик |
| **Dänemark** | Да́ния |
| **Deo-Spray** | дезодора́нт |
| **Diskuswerfen** | мета́ние ди́ска |
| **Dokumentarfilm** | документа́льный фильм |
| **Dolmetscher**(-in) | перево́дчик (-чица) |
| **Dom** | собо́р |
| **Doppelstockbett** | двухэта́жная крова́ть |
| **Drachenfliegen** | дельтапланери́зм |
| **Eiche** | дуб |
| **Eimer** | ведро́ |
| ich bringe den ~ raus | я выношу́ ведро́ |
| **Eiskunstlauf** | фигу́рное ката́ние |
| **Elektriker** | эле́ктрик |
| **Elektrogitarre** | электрогита́ра |
| **Elektronik** | электро́нная промы́шленность |
| **England** | А́нглия |
| **Ente** | у́тка |
| **Erzgebirge** | Ру́дные го́ры |
| **Fabel** | ба́сня |
| **Fabrik** | фа́брика |
| **Facharbeiter im Bauwesen** | строи́тель |
| **Fachschule** | те́хникум |
| **Fahrzeugbau** | тра́нспортное машинострое́ние |
| **Farben** | кра́ски |
| **Farbfilm** | цветно́й фильм |
| **Fechten** | фехтова́ние |
| **Federball** | бадминто́н |
| **Feld** | по́ле |
| **Fichte** | ель |
| **Filmkomödie** | кинокоме́дия |
| **Finale** | фина́л |
| ins Viertelfinale kommen | вы́йти в четвертьфина́л |
| ins Halbfinale kommen | вы́йти в полуфина́л |
| **Finnland** | Финля́ндия |
| **fischverarbeitende Industrie** | ры́бная промы́шленность |
| **Flieder** | сире́нь |
| **Flöte** | фле́йта |
| **Frankreich** | Фра́нция |
| **fremdsprachige Literatur** | литерату́ра на иностра́нных языка́х |

| | |
|---|---|
| **Friseur**, Friseuse | парикмáхер |
| **Gans** | гусь |
| **Garage** | гарáж |
| **Gärtner**(-in) | садóвник (-ница) |
| **Gastwirt** | владéлец ресторáна |
| **Gedenkstätte** | дом-музéй |
| **Geige** | скри́пка |
| **Gemüseanbau** | овощевóдство |
| **Genossenschaftler** | кооперáтор |
| **gerecht** | справедли́вый |
| **Gitarre** | гитáра |
| **Golf** *(Sport)* | гольф |
| **Griechenland** | Грéция |
| **grob** | грýбый |
| **Gymnasium** | гимнáзия |
| **Hamburg** | Гáмбург |
| **Hamster** | хомя́к |
| **Handball** | гандбóл |
| **Handwerker** | ремéсленник |
| **Harz** | Гарц |
| **Hecht** | щýка |
| **herausgestellt werden** *(Sport)* | быть удалённым |
| **Hessen** | Гéссен |
| **Hochschule** | вы́сшая шкóла |
| **Hocker** | табурéт |
| **höflich** | вéжливый |
| **Huhn** | кýрица; кýры |
| **Hund** | собáка |
| **Informatiker** | инженéр по информáтике |
| **Installateur** | монтёр |
| **Institut** | институ́т |
| **intolerant** | нетерпи́мый |
| **Italien** | Итáлия |
| **Jazz** | джáзовая мýзыка |
| **Jogging** | бег; джóггинг |
| **Journalist**(-in) | журнали́ст (-ка) |
| **Judo** | дзюдо |
| **Kamm** | расчёска |
| **Kanarienvogel** | канарéйка |
| **Kaninchen** | крóлик |
| **Karpfen** | карп |
| **Kassette** | кассéта |
| auf ~ aufnehmen von… | записáть/запи́сывать на кассéту *с чего?* |
| von ~ löschen | стерéть/стирáть с кассéты |
| **Kassettenrecorder** | кассéтный магнитофóн; рекóрдер |
| **Kastanie** | каштáн |

| | |
|---|---|
| **Katze** | ко́шка |
| **Kaufmann** | торго́вый рабо́тник |
| **Kette** | бу́сы; цепо́чка |
| **Kiefer** | сосна́ |
| **Kindergärtnerin** | воспита́тельница в де́тском саду́ |
| **klassische Musik** | класси́ческая му́зыка |
| **Klavier** | пиани́но |
| **Klempner** | санте́хник |
| **Koch** (Köchin) | по́вар (-и́ха) |
| **Kofferradio** | транзи́стор |
| **Konsumgüterproduktion** | произво́дство това́ров наро́дного потре- бле́ния |
| **Kompaß** | ко́мпас |
| **Kopfhörer** | нау́шники |
| **Korb** | корзи́нка |
| **Krankenhaus** | больни́ца |
| **Kriminalfilm** | детекти́в |
| **~roman** | |
| **Kugelstoßen** | толка́ние ядра́ |
| **Kuh** | коро́ва |
| **Landwirt** | крестья́нин; фе́рмер; агроно́м |
| **Laubwald** | ли́ственный лес |
| **Leichtindustrie** | лёгкая промы́шленность |
| **Lidschatten** | те́ни для век |
| **Linde** | ли́па |
| **Lippenstift** | губна́я пома́да |
| **Maiglöckchen** | ла́ндыш |
| **Make-up** | тона́льный крем |
| **Maler** | маля́р |
| **Mandoline** | мандоли́на |
| **Mannschaftskapitän** | капита́н сбо́рной |
| **Märchen** | ска́зка |
| **Maschinenbau** | машинострое́ние |
| **Matchbox** | моде́ли маши́н |
| **Maurer** | ка́менщик |
| **Maus** | мышь |
| **Mecklenburg-Vorpommern** | Ме́кленбург-Предпомера́ния |
| **Meerschweinchen** | (морска́я) сви́нка |
| **metallurgische Industrie** | металлурги́ческая промы́шленность |
| **Modeschmuck** | мо́дные украше́ния |
| **Motorsport** | мотоспо́рт |
| **Mühle** | ме́льница |
| **Mundharmonika** | губна́я гармо́шка |
| **Münze** | моне́та |
| **Muschel** | раку́шка |
| **Museum** | музе́й |
| **Musical** | мю́зикл |

| | |
|---|---|
| **mutig** | сме́лый |
| **Nadelwald** | хво́йный лес |
| **Nagellack** | лак для ногте́й |
| **neugierig** | любопы́тный |
| **Niederlande** | Нидерла́нды |
| **Niedersachsen** | Ни́жняя Саксо́ния |
| **Nordrhein-Westfalen** | Се́верный Рейн-Вестфа́лия |
| **Norwegen** | Норве́гия |
| **Ohrclips** | кли́псы |
| **Ohrringe** | се́рьги |
| **Oper** | о́пера |
| **Operette** | опере́тта |
| **optimistisch** | оптимисти́ческий |
| **Orchester** | орке́стр |
| **Österreich** | А́встрия |
| **Ostsee** | Балти́йское море |
| **Palast** | дворе́ц |
| **Parfüm** | духи́ |
| **Parfümerie** | парфюме́рия |
| **pessimistisch** | пессимисти́ческий |
| **Platten abspielen** | проигра́ть/прои́грывать пласти́нки |
| **~ auflegen** | по-/ста́вить ~ |
| **Plattenspieler** | прои́грыватель |
| **Polen** | По́льша |
| **Popgymnastik** | аэро́бика |
| **Popmusik** | поп-му́зыка |
| **populärwissenschaftlicher Film** | нау́чно-популя́рный фильм |
| ~ Roman | ~ рома́н |
| **Portugal** | Португа́лия |
| **Projektant** | проектиро́вщик |
| **Pute** | инде́йка |
| **Radio** | ра́дио; радиоприёмник |
| ~ ausschalten | вы́ключить/выключа́ть ~ |
| ~ einschalten | включи́ть/включа́ть ~ |
| ~ hören | слу́шать ~ |
| **Radsport** | велосипе́дный спорт |
| **Rasierapparat** | безопа́сная бри́тва |
| **Rasiercreme** | крем для бритья́ |
| **Reggae** | рэ́гей |
| **Reitsport** | ко́нный спорт |
| **Reparaturwerkstatt** | ремо́нтная мастерска́я |
| **Rheinland-Pfalz** | Ре́йнланд-Пфальц |
| **Ring** | кольцо́ |
| **Ringen** | борьба́ |
| **Rockmusik** | рок-му́зыка |
| **Rollschuhlauf** | ката́ние на ро́ликах |
| **Roman** | рома́н |

| | |
|---|---|
| **Rucksack** | рюкза́к |
| **Rudern** | гре́бля |
| **Rugby** | ре́гби |
| **Rumänien** | Румы́ния |
| **Saarland** | Саар |
| **Sachsen** | Саксо́ния |
| **Sachsen-Anhalt** | Саксо́ния-Анга́льт |
| **Sächsische Schweiz** | Саксо́нская Швейца́рия |
| **Satz** (Tennis) | па́ртия |
| **Saxophon** | саксофо́н |
| **Schaf** | овца́; о́вцы |
| **Schallplatte** | пласти́нка, диск (компа́ктный ~) |
| **Schiffbau** | судострое́ние |
| **Schildkröte** | черепа́ха |
| **Schlagzeug** | уда́рные инструме́нты |
| **Schleswig-Holstein** | Шле́звиг-Го́льштейн |
| **Schloß** | за́мок |
| **Schlosser** | сле́сарь |
| **Schminkpalette** | космети́ческий набо́р |
| **schüchtern** | ро́бкий |
| **Schuppen** | сара́й |
| **Schwarzweißfilm** | чёрно-бе́лый фильм |
| **Schweden** | Шве́ция |
| **Schwein** | свинья́ |
| **Schweiz** | Швейца́рия |
| **Schwerindustrie** | тяжёлая промы́шленность |
| **Science-fiction** | нау́чно-фантасти́ческий фильм<br>~ рома́н |
| **Seife** | мы́ло |
| **selbständiger Unternehmer** | предпринима́тель |
| **selbstbewußt** | уве́ренный в себе́ |
| **Sinfonie** | симфо́ния |
| **Singegruppe** | вока́льный анса́мбль |
| **Skateboard** | ске́йтборд |
| **Skisport** | лы́жный спорт |
| **Spanien** | Испа́ния |
| **Spielfilm** | худо́жественный фильм |
| **Stadtmauer** | городска́я стена́ |
| **Staub** | пыль |
| ich wische ~ | я вытира́ю пыль |
| **Stein** | ка́мень; ка́мни |
| **Stereokassettenrecorder** | стереокассе́тник |
| **Steuerberater** | консульта́нт по вопро́сам нало́гов |
| **Strafstoß verwandeln** | заби́ть гол с пена́льти |
| **Stürmer** | напада́ющий |
| **Sumpf** | боло́то |
| **Synthesizer** | синтеза́тор |

| | |
|---|---|
| **Tanne** | пи́хта |
| **Taschenlampe** | фона́рь |
| **technische Literatur** | техни́ческая литерату́ра |
| **technischer Zeichner** | чертёжник |
| **Teich** | пруд |
| **Teppich** | ковёр |
| **Textilindustrie** | тексти́льная промы́шленность |
| **Thriller** | три́ллер; фильм у́жасов |
| **Thüringen** | Тюри́нгия |
| **Tischlampe** | насто́льная ла́мпа |
| **Tischler** | столя́р |
| **tolerant** | терпи́мый |
| **Tonband** | ле́нта |
| **Tonbandgerät** | магнитофо́н |
| **Tor schießen** | заби́ть гол |
| **Torwart** | врата́рь |
| **Trickfilm** | мультипликацио́нный фильм; мульт-фи́льм; анимацио́нный фильм |
| **Triola** | трио́ла |
| **Trommel** | бараба́н |
| **Trompete** | труба́ |
| **Tschechoslowakei** | Чехо–Слова́кия |
| **(TV-)Turm** | (теле-)ба́шня |
| **unbescheiden** | нескро́мный |
| **unentschieden** | ничья́ |
| **~ spielen** | игра́ть вничью́ |
| **Ungarn** | Ве́нгрия |
| **Universität** | университе́т |
| **unsicher** | неуве́ренный |
| **verantwortungsbewußt** | отве́тственный |
| **verantwortungslos** | безотве́тственный |
| **Vergißmeinnicht** | незабу́дка |
| **Vertreter einer Bank** | представи́тель ба́нка |
| **~ einer Firma** | ~ фи́рмы |
| **~ einer Versicherung** | ~ страхово́го о́бщества |
| **Videogerät** | видеомагнитофо́н |
| **Vogel** | пти́ца |
| **Volkshochschule** | вече́рняя шко́ла |
| **Volksmusik** | наро́дная му́зыка |
| **Volkswirt** | экономи́ст |
| **Volleyball** | волейбо́л |
| **Walkman** | пле́йер |
| **Wasserball** | во́дное по́ло |
| **Wassersport** | во́дный спорт |
| **Wasserspringen** | прыжки́ в во́ду |
| **Weinanbau** | виногра́дарство |
| **Welt(Europa)meisterschaft** | чемпиона́т ми́ра (Евро́пы) |

| | |
|---|---|
| **Werft** | верфь |
| **Werkstatt** | мастерска́я |
| **Western** | ве́стерн |
| **Wiese** | луг |
| **Wimperntusche** | тушь для ресни́ц |
| **Windsurfing** | виндсёрфинг |
| **wissenschaftlicher Gerätebau** | нау́чное приборострое́ние |
| **Xilophon** | ксилофо́н |
| **Zahnbürste** | зубна́я щётка |
| **Zahncreme** | зубна́я па́ста |
| **Zierfische** | ры́бки |
| **Zoo** | зоопа́рк |
| **zuverlässig –** er (sie) ist ~ | на него́ (неё) мо́жно положи́ться |

**Bildnachweis:**
E. Kondakow, Moskau
Presseagentur Nowosti (APN): Seiten 131, 136, 143, 146, 194, 197, 214
A. Tietze, Berlin: Seiten 11, 32, 107, 108, 137, 150, 196, 197, 185
W. Bykow, Berlin: Seite 29